일본어
멀티스터디의 모델

ありがとう

아 리 가 가 또 우~

日本語

일 본 어

윤호숙, 겐코히로아키, 김희박, 나라유리에 공저

회화

Nihongo
Factory

Foreign Copyright:
Joonwon Lee
Address: 10, Simhaksan-ro, Seopae-dong, Paju-si, Kyunggi-do,
Korea
Telephone: 82-2-3142-4151
E-mail: jwlee@cyber.co.kr

ありがとう日本語
아리가또 일본어 회화

2010. 1. 8. 1판 1쇄 발행
2019. 12. 27. 1판 5쇄 발행

지은이 | 윤호숙, 겐코 히로아키, 김희박, 나라 유리에
펴낸이 | 이종춘
펴낸곳 | ㈜도서출판 성안당

주소 | 04032 서울시 마포구 양화로 127 첨단빌딩 3층(출판기획 R&D 센터)
10881 경기도 파주시 문발로 112 출판문화정보산업단지(제작 및 물류)

전화 | 02)3142-0036
031)950-6300

팩스 | 031)955-0510
등록 | 1973. 2. 1. 제406-2005-000046호
출판사 홈페이지 | www.cyber.co.kr
ISBN | 978-89-315-8890-3 (13730)
정가 | 17,000원

이 책을 만든 사람들

기획 | 최옥현
진행 | 김해영
일러스트 | 임은정
본문 · 표지 디자인 | 박원석
홍보 | 김계향
국제부 | 이선민, 조혜란, 김혜숙
마케팅 | 구본철, 차정욱, 나진호, 이동후, 강호묵
제작 | 김유석

■ 도서 A/S 안내

성안당에서 발행하는 모든 도서는 저자와 출판사, 그리고 독자가 함께 만들어 나갑니다.
좋은 책을 펴내기 위해 많은 노력을 기울이고 있습니다. 혹시라도 내용상의 오류나 오탈자 등이
발견되면 **"좋은 책은 나라의 보배"**로서 우리 모두가 함께 만들어 간다는 마음으로 연락주시기
바랍니다. 수정 보완하여 더 나은 책이 되도록 최선을 다하겠습니다.
성안당은 늘 독자 여러분들의 소중한 의견을 기다리고 있습니다. 좋은 의견을 보내주시는 분께는
성안당 쇼핑몰의 포인트(3,000포인트)를 적립해 드립니다.

잘못 만들어진 책이나 부록 등이 파손된 경우에는 교환해 드립니다.

머리말

최근 글로벌 시대를 맞아 활발하게 이루어지는 한일 양국의 교류를 위해 일본어 능력을 갖춘 양질의 일본어 전문가 양성이 급선무입니다. 또한 인터넷 기술의 발달과 더불어 멀티미디어를 활용한 다양한 교육방식이 어느 때보다 절실하게 요구되고 있습니다.

그러나 여전히 영어를 비롯한 모든 외국어 교육이 실용성만을 너무 강조한 나머지 회화중심 일변도로 치우치고 있습니다. 이러한 현상은 언어의 4기능인 읽기, 쓰기, 듣기, 말하기의 종합적인 능력 향상에 걸림돌이 되고 있으며 어학 교재 면에서도 멀티미디어 방식이 적극 도입되지 못하는 장애 요인으로 작용하고 있는 실정입니다.

일본어에 능통하려면 어휘력과 정확한 어법 지식이 필수적이나 이보다 앞서 기초 과정이 가장 중요하다고 할 수 있습니다.

본 교재는 이러한 점들을 감안하여 일본어를 전혀 모르는 학습자를 대상으로 일본어의 기본 문자인 히라가나와 가타카나의 습득 및 발음 연습을 정확하게 터득하게 한 뒤에 기본적인 어휘, 문형, 문법 학습을 통해 간단한 독해, 작문, 청취, 회화를 가능하게 하는 것을 목표로 하였습니다. 또한 어휘와 문장 등 전반적인 내용을 실용적이면서 알기 쉽게 구성하여 학습자들이 일본어를 재미있게 익혀서 일본어 구사 능력이 자연스럽게 향상될 수 있도록 했습니다.

이 밖에도 심화학습을 통해서는 각 과에서 배운 지식을 발전시켜 실생활에 응용할 수 있고, 오디오 CD, MP3 등 다양한 멀티미디어 교육기자재를 통해서는 일회성 학습방식을 지양하고 배운 내용을 반복 학습하는 기회를 제공함으로써 완벽한 기초 실력을 다질 수 있습니다.

따라서 본 교재는 일본어 학습자의 체계적인 기초 일본어 교육에 실질적으로 큰 도움이 되어줄 뿐만 아니라, 나아가서는 정확한 일본어 능력을 향상시켜 유능한 일본어 전문가를 육성하는 데에 그 토대를 마련해 줄 수 있을 것입니다.

본 교재가 완성되기까지 물심양면으로 애써주신 니혼고팩토리의 임직원을 비롯한 관계자 여러분께 진심으로 감사의 뜻을 전합니다.

2009년 8월 1일
저자 일동

목차 및 각 과의 학습 목표

이 교재의 구성과 특징

❶ 〈아리가또 일본어 시리즈〉는 모두 세 권으로 구성. 일본어의 입문 과정을 완벽하게 소화하고 초급 학습이 원활하게 이루어질 수 있도록 기획된 교재입니다.

❷ 이 교재는 총 19과와 종합문제 및 부록 등으로 구성되어 있습니다. 부록에는 문형연습, 연습문제, 듣기연습의 해답, 해석 등이 실려 있습니다.

❸ 각 과의 첫 페이지에는 각 과에서 배워야 할 학습 내용이 제시되어 있습니다.

❹ 이어서 각 과의 메인 회화문인 **ダイアローグ**가 이어집니다. **ダイアローグ**에서는 각 과의 학습 목표를 자연스럽게 익힐 수 있으면서도 일본생활의 다양한 상황을 간접경험할 수 있도록 현장감 있는 내용을 실었습니다. 또한 **ダイアローグ**에 대해 간단한 질문에 답하게 함으로써, 내용 이해도를 점검할 수 있도록 했습니다.

❺ **文法**에서는 각 과에서 익혀야 할 문법 사항을 이해하기 쉽도록 정확한 설명 및 적절한 예문과 함께 해설했습니다. 필요한 경우에는 도표 등을 이용해 한눈에 알아볼 수 있도록 했습니다.

❻ **文型練習**에서는 각 과의 핵심 문법을 다양한 상황에 적용해 반복학습할 수 있도록 함으로써, 학습한 내용이 입에 붙도록 해 줄 것입니다. 교재에 주어진 상황 이외에도 여러 상황을 설정하여 연습하면 더욱 좋은 학습효과를 거두실 수 있습니다.

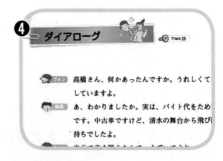

❸
第9課
この興奮が冷めやらぬうちに、 っしょにドライブに行きませんか
重要ポイント
1. 形容詞の「て形」＋たまらない
2. 動詞の「辞書形・ない・た」／形容詞の「辞書形・ない・た」 ／名詞＋に（も）かかわらず
3. 動詞の「ない（ぬ）」＋うちに

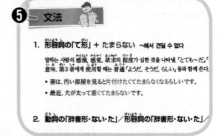

❹ **ダイアローグ** Track 25

クォン 高橋さん、何かあったんですか。うれしくて していますよ。

高橋 あ、わかりましたか。実は、バイト代をためて です。中古車ですけど、清水の舞台から飛び 持ちでしたよ。

❺ **文法**

1. 形容詞の「て形」＋たまらない　～해서 견딜 수 없다
　話す人の感情、感覚、欲求の程度が甚だしいことを表す。「とても～だ」の 意味。第3者に使用する時は　普通「ようだ、そうだ、らしい」等と一緒に使う。
　• 妻は、汚い部屋を見ると片付けたくてたまらなくなるらしいです。
　• 最近、犬が太って重くてたまらないです。

2. 動詞の「辞書形・ない・た」／形容詞の「辞書形・ない・た」／

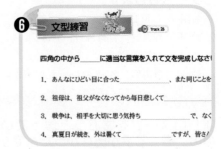

❻ **文型練習** Track 26

四角の中から＿＿＿に適当な言葉を入れて文を完成しなさ

1. あんなにひどい目に合った＿＿＿＿＿、また同じことを

2. 祖母は、祖父がなくなってから毎日悲しくて＿＿＿＿＿

3. 戦争は、相手を大切に思う気持ち＿＿＿＿＿で、なく

4. 真夏日が続き、外は暑くて＿＿＿＿＿ですが、皆さ

❼ 練習問題는 각 과에서 익힌 내용을 점검하는 코너입니다. 충분히 학습되었다고 생각되는 시점에서 풀어 보시고, 틀린 문제는 꼭 복습하시기 바랍니다.

❽ 応用会話는 자유롭게 말하고 대화하도록 마련된 코너입니다. 교재에 제시된 상황 외에도 자신의 주위 상황에 맞춰서 융통성 있게 말하고 대화해 봄으로써, 응용회화 실력을 높일 수 있습니다.

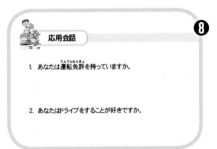

❾ ヒアリング・リーディング練習에는 각 과와 관련된 독해 문장이 공란과 함께 실려 있습니다. 음성 녹음을 듣고 공란에 들어갈 말을 받아적어 봄으로써, 회화 학습의 필수 사항인 듣기 실력을 확실하게 기를 수 있습니다. 또한 공란을 채운 후에는 문장을 해석해 보고, 관련 질문에 대해 답하거나 토론할 수 있도록 했습니다.

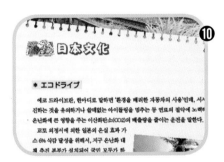

❿ 언어에는 그 나라의 문화가 녹아들어 있습니다. 따라서 본 교재에서는 日本文化란을 마련하여 꼭 알아야 할 일본의 문화를 사진 자료와 함께 재미있게 소개했습니다.

⓫ 마지막으로 부록에는 文型練習, 練習問題, 応用会話, 総合問題, ヒアリング・リーディング練習 등의 해답, ダイアローグ 및 文法의 해석 등이 수록되어 있습니다.

해답 코너에서는 文型練習과 練習問題, ヒアリング・リーディング練習의 해답 및 日本文化의 일본어 원문이 실려 있습니다. 말해 보고 받아 적고, 풀어 본 문제들을 해답 코너를 통해 꼭 확인하시고, 틀린 부분에 대해서는 복습하시기 바랍니다.

해석 코너에는 ダイアローグ와 文法, ヒアリング・リーディング練習에 나와 있는 일본어 문장들에 대한 해석을 실어 두었습니다.

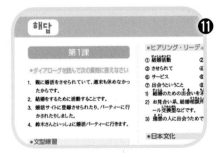

회화 본문 동영상 무료 제공

이 교재에는 다른 교재에서는 제공하지 않는 회화 본문 동영상을 제공합니다. 각 과의 ダイアローグ를 원어민들의 리얼 액션을 통해 실제 드라마처럼 감상하면서 학습하실 수 있습니다. 이는 문자와 음성만으로 학습하는 것보다 훨씬 높은 학습효과를 제공함은 물론 학습의 흥미까지 제공함으로써, 지루함 없이 일본어의 입문 학습을 끝까지 마칠 수 있도록 도와 드릴 것입니다.

네이티브 녹음 MP3 무료 다운로드

이 교재에 실린 ダイアローグ와 文型練習, ヒアリング・リーディング練習 등의 내용을 생생한 네이티브의 음성으로 녹음하여 일본어 학습에 생동감을 더했습니다. 이 음성 MP3 파일은 (주)성안당 홈페이지(www.cyber.co.kr)를 통해 무료로 다운로드 받으실 수 있습니다. 특히 ダイアローグ의 내용은 한 마디 한 마디씩 따라서 말해 볼 수 있도록 편집되어 있어서, 듣기뿐 아니라 말하기에도 더욱 효과적인 학습을 하실 수 있습니다.

第 1 課

親に婚活をさせられていて、週末も休めず、もう疲れました。

重要ポイント

1. 使役受身
2. 使役 ＋ ～てください／～ていただく

ダイアローグ

<婚活>

 鈴木　最近、親に婚活をさせられていて、週末も休めず、もう疲れました。

 ミン　婚活って何ですか。

 鈴木　結婚活動のことですよ。就活のように活動しないと、結婚もできない時代になりましたね。

 ミン　結婚願望はないんですか。

 鈴木　私は一人が楽なのに、母に婚活サイトに登録させられて、今週末はパーティーに行かされるんですよ。

 ミン　ええー！楽しそうですね。私は同世代との出会いが少ないので、うらやましいです。

 鈴木　そうだ！ミンさんもいっしょに行きませんか。一人で行くより心強いです。

 ミン　私も行かせていただいていいんですか。うれしいです。

 鈴木　こちらこそ、いっしょについて来ていただいてありがとうございます！

ダイアローグを読んで次の質問に答えなさい。

1. 鈴木さんはどうして疲れていますか。

_____

2. 婚活とは何ですか。

_____

3. 鈴木さんはお母さんにどんなことをさせられましたか。

_____

4. ミンさんは今週末、何をしますか。

_____

■ ダイアローグ単語

婚活(こんかつ) 결혼을 하기 위해서 하는 활동 | 活動(かつどう) 활동 | 就活(しゅうかつ) 취업을 하기 위해서 하는 활동 | 時代(じだい) 시대 | 願望(がんぼう) 원하고 바람, 또는 그 소원 | 楽(らく)だ 편하다 | サイト 사이트(site) | 登録(とうろく) 등록 | 心強(こころづよ)い 마음이 든 든하다, 믿음직스럽다 | 同世代(どうせだい) 같은 세대

11

動詞 ＋ (さ)せられる(使役受身)　〜하지 않을 수 없다(마지못해 〜하다)

使役文の受身文으로 상대방이 強制로 시켜서 마지못해 行動하는 意味. 보통「被害」의 意味를 나타낸다. 使役受身의 活用은 다음과 같다.

① 1グループ「u동사(5段動詞)」語尾「う段」을「あ段」으로 바꾸고 ＋ せ ＋ られる

語幹	語尾	使役	受身
買	わ	せる	られる
	い		
	~~う~~		
	え		
	お		

語幹	語尾	使役	受身
運	ば	せる	られる
	び		
	~~ぶ~~		
	べ		
	ぼ		

語幹	語尾	使役	受身
書	か	せる	られる
	き		
	~~く~~		
	け		
	こ		

語幹	語尾	使役	受身
話	さ	せる	られる
	し		
	~~す~~		
	せ		
	そ		

＊注意 :「あ行」의 경우 발음 편의상「あ」가 아닌「わ」로 바뀐다.

② 2グループ「ru동사(1段動詞)」語尾「る」를 지우고 ＋ させ ＋ られる

語幹	語尾	使役	受身
教え	~~る~~	させる	られる

語幹	語尾	使役	受身
食べ	~~る~~	させる	られる

③ 3グループ「불규칙 동사」

単語	使役	受身
~~する~~	させる	られる
~~くる~~	こさせる	られる

＊ 1グループ「u동사(5段動詞)」의 경우,「〜させられる」대신에「〜される」를 쓰는 경우도 많다.

行かせられる → 行かされる

読ませられる → 読まされる

• 昨日は、夜遅くまで先輩にお酒を飲まされました。

• 寒いのに駅前で三時間も友だちに待たされました。

文型練習

四角の中から＿＿＿＿に適当な言葉を入れて文を完成しなさい。

1. お腹が痛いから、これ以上は私を＿＿＿＿＿＿＿＿＿ください。

2. 私は結婚記念日を忘れて妻を＿＿＿＿＿＿＿＿＿。

3. 内科に行ったら、今度はレントゲンが必要だとレントゲンのお医者さんに

   ＿＿＿＿＿＿＿＿＿。

4. 今度の大学交流に私も＿＿＿＿＿＿＿＿＿いただけませんか。

5. この仕事は、ぜひ私に＿＿＿＿＿＿＿＿＿ください。

6. 辛さに弱い人が辛い物を＿＿＿＿＿＿＿と、最初は大変ですが、次第に慣れます。

7. すみませんが、ここで手を＿＿＿＿＿＿＿＿＿いただけませんか。

8. 監督は選手に運動場を＿＿＿＿＿＿＿＿＿。

行かせられた	食べさせられる	走らせた	怒らせた
やらせて	笑わせないで	洗わせて	参加させて

お腹(なか) 배(신체) | これ以上(いじょう) 이 이상 | 記念日(きねんび) 기념일 | 妻(つま) 처(아내) | 怒(おこ)る 화내다 | 選手(せんしゅ) 선수 | 参加(さんか) 참가 | 交流(こうりゅう) 교류 | 内科(ないか) 내과 | レントゲン 뢴트겐(X선) | 次第(しだい) 점차, 차츰 | 慣(な)れる 익숙해지다 | 監督(かんとく) 감독

練習問題

1 次の漢字の読みがなを書きなさい。

1) 婚活 : _____   2) 活動 : _____   3) 就活　: _____

4) 時代 : _____   5) 登録 : _____   6) 心強い : _____

2 _____に一番適当なものを一つ選びなさい。

1) 最近、親に婚活を_____いて、週末も休めず、もう疲れました。

　① させられて　　　　　　　② さされて
　③ させられないで　　　　　④ さられて

2) 今週末はパーティーに_____んですよ。

　① いきさせる　　　　　　　② いかさせられる
　③ いかされる　　　　　　　④ いかれる

3) 私も_____いいんですか。うれしいです。

　① いかせていただいて　　　② いかさせられていただいて
　③ いかれていただいて　　　④ いかさられて

4) こちらこそ、いっしょに_____いただいてありがとうございます。

　① ついできて　　　　　　　② ついできって
　③ ついてきて　　　　　　　④ ついてこさせて

3 次の韓国語を日本語に直しなさい。

1) 나는 혼자가 편한데, 엄마가 결혼사이트에 강제로 등록시켰습니다.

　_____。

2) 혼자 가는 것보다 마음이 든든합니다.

　_____。

3) 결혼 욕구는 없습니까?

　_____。

ヒアリング・リーディング練習 ★ よく聞いて、空欄に入る言葉を入れなさい。 Track 03

婚活とは

　婚活は、2008 年の流行語にも入った ①　　　　　のことです。両親にお見合いを ②　　　　　というのではなく、最近は自分から婚活サイトに登録する人が増えています。参加 ③　　　　　いるのではなく、自ら出会いを ④　　　　　です。一般的には、まず婚活をすると決めたら、どこかの会社が提供している婚活系の ⑤　　　　　に参加することになります。 ⑥　　　　　、結婚相談所、パーティー参加型、メール交換型といったようにいろいろなサービスがあります。これらのサービスを利用して、まずは

⑦　　　　　へとつなげていきます。 ⑧　　　　　に出会うまでのサービスといえるでしょう。

上の文をよく聞いて次の質問に答えなさい。

1) 婚活サイトに登録する人の目的は何ですか。

_____

2) どのようなサービスがありますか。

_____

3) サービスを利用する理由は何ですか。

_____

■ 手ダスケ単語

流行語(りゅうこうご) 유행어 | 両親(りょうしん) 부모님 | 見合(みあ)いをさせる 선을 보게 하다 | 自分(じぶん) 자신 | 増(ふ)える 늘다 |
自(みずか)ら 스스로 | 出会(であ)い 만남 | 求(もと)める 구하다, 바라다 | 一般的(いっぱんてき) 일반적 | 提供(ていきょう)する 제공하다 |
交換型(こうかんがた) 교환형 | つなげる 연결하다 | 理想(りそう) 이상

応用会話

1. 日本の婚活ブームをどう思いますか。

2. あなたの国にも婚活サイトのようなサービスがありますか。

3. 婚活することで何が良いと思いますか。

4. あなたは結婚をしたいですか。また、いつ結婚したいですか。

5. どんな人と結婚したいですか。

6. お見合い結婚と恋愛結婚のどちらが良いですか。

7. あなたの国では何歳ぐらいで結婚しますか。

8. お見合い、または、お見合いパーティーに行ったことがありますか。

9. 理想（りそう）の人に出会うためにはどうしたら良いと思いますか。

10. 結婚するためのサービス（婚活サイト）を利用することの良い点・悪い点は何だと思いますか。

会話のキーワード

婚活の種類（しゅるい）

・婚活パーティー：결혼활동 파티
　最（もっと）も手軽（てがる）な出会いは、婚活のためのカップリングパーティーやお見合いパーティー
　가장 간단한 만남은 결혼활동을 위한 커플링 파티나 맞선 파티

・結婚相談（そうだん）サービス：결혼 상담 서비스
　積極的（せっきょくてき）な出会いを求めるなら結婚情報（けっこんじょうほう）サービス
　적극적인 만남을 구한다면 결혼정보 서비스

・結婚相談所：결혼상담소
　結婚を目的（もくてき）として、マンツーマンで結婚を全面的（ぜんめんてき）にサポートしてくれる
　결혼을 목적으로 하여 1대1로 결혼을 전면적으로 지원해 준다

🍱 日本文化

* 婚活

　婚活란 '결혼 활동'의 준말로, 결혼하기 위해서 필요한 활동을 말한다. 학생이 취직 활동을 실시하는 것을 就活라고 말하듯이, 결혼을 목표로 해 실시하는 활동을 나타내는 말로서, 사회학자 야마다 마사히로씨가 고안, 제창했다.

　그 후, 야마다 마사히로·시라카와 모모코씨의 저서 〈婚活시대〉(2008년 출판)를 통해 널리 알려져 텔레비전이나 잡지, 신문 등에서 婚活라는 말이 사용되는 일이 많아졌다.

　이 말이 탄생하고 보급된 배경에는 일본인의 결혼에 대한 생각이 다양화하고, 만혼화 지향의 증가 등 사람 각자의 마음가짐이 중시되는 가운데 결혼이 어려워진 점을 들 수 있다.

　구체적인 결혼 활동으로서 婚活사이트에 등록, 婚活블로그 개설, 결혼 상담소에 입회, 婚活파트너 에이전트를 통해서 소개받거나 婚活파티에

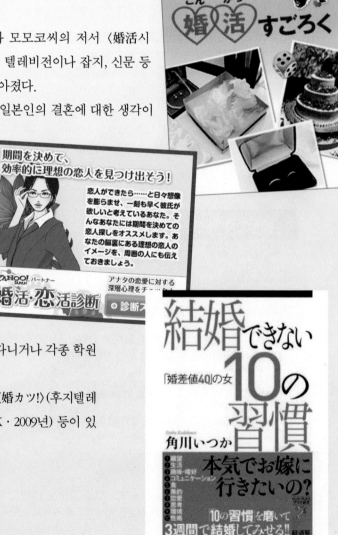

참가하는 직접적인 것과 요리교실에 다니거나 각종 학원에 다니는 간접적인 것이 있다.

　婚活에 관한 텔레비전 드라마로는 〈婚カツ!〉(후지텔레비·2009년), 〈コンカツ·リカツ〉(NHK·2009년) 등이 있다.

第2課

青春18切符についてちょっと
教えてほしいのですが……。

重要ポイント

1. 名詞 ＋ について
2. 名詞 ＋ にとって
3. 動詞・い形容詞の「辞書形」／な形容詞「な」＋ わけだ
4. 名詞 ＋ をはじめ

ダイアローグ

＜旅行＞

 高橋さん、青春18切符についてちょっと教えてほしいのですが……。

 青春18切符はJRの普通列車の普通車自由席が1日乗ったり降りたり自由にできる切符です。春休み・夏休み・冬休みと年3回、発売されますよ。

 そうなんですか。価格はいくらですか。

 1枚が5回分で11,500円です。成田国際空港から小田原までの交通費が2940円なんです。だから日本の交通費を考えると、青春18切符は1回分が2,300円で、かなりお得な切符というわけです。

 安い！　留学生の私にとってはありがたい切符ですね。

 1枚で5人までいっしょに利用できます。ただ、他の人といっしょに利用する場合には同一行程じゃなければいけません。

 どこかおすすめの観光スポットはありませんか。

 もうすぐ桜の季節ですから、ぜひ日本の桜を見てみてください。京都の嵐山をはじめ、青森の弘前城、東京の上野恩賜公園などの桜の名所がありますよ。

 京都の嵐山は私も聞いたことがあります。普通列車で東京から京都までどれくらいかかりますか。

 そうですね。7時間くらいかかります。乗り換えが5回あって大変ですが、のんびり電車に乗るのも、なかなかいいものですよ。

ダイアローグを読んで次の質問に答えなさい。

1. 青春18切符について説明しなさい。

_____

2. 青春18切符はいくらですか。

_____

3. 青春18切符は、1枚で何人までいっしょに利用できますか。

_____

4. 青春18切符は、1年に何回売っていますか。

_____

■ ダイアローグ単語

成田国際空港(なりたこくさいくうこう) 나리타 국제공항 | 小田原(おだわら) 오다와라(지명) | 交通費(こうつうひ) 교통비 | かなり 꽤, 상당히 | おすすめ 권유, 추천 | 観光(かんこう) 관광 | スポット 지점(spot), 명소 | 季節(きせつ) 계절 | ぜひ 꼭, 반드시 | 京都(きょうと)の嵐山(あらしやま) 교토 아라시산 | 青森(あおもり)の弘前城(ひろさきじょう) 아오모리 히로사키성 | 上野恩賜公園(うえのおんしこうえん) 우에노 온시공원 | 名所(めいしょ) 명소 | 乗(の)り換(か)え 갈아탐(환승) | のんびり 유유히, 한가로이, 태평스레 | なかなか 상당히, 꽤, 매우 | 青春(せいしゅん) 청춘 | 切符(きっぷ) 표 | 普通列車(ふつうれっしゃ) 보통열차 | 自由席(じゆうせき) 자유석 | 乗(の)り降(お)り 타고내림(승강) | ありがたい 고맙다, 감사하다 | 販売(はんばい) 판매 | 価格(かかく) 가격 | 利用(りよう) 이용 | 場合(ばあい) 경우 | 同一行程(どういつこうてい) 동일한 일정 | 発売(はつばい) 발매

文法

1. 名詞 + について ~에 대해서(관해서)

말하는 内容의 話題, 主題, 対象을 나타낸다.

- このパソコンの使い方についてはガイドをご覧下さい。
- それについて先生のご意見を聞かせていただけませんでしょうか。

2. 名詞 + にとって ~의 입장에서(에게 있어서)

'~의 立場에서 보면'이란 意味로 観点을 나타낸다.

- 韓国人にとって、キムチはいろいろな意味で特別な存在である。
- あなたにとって大事な人ほどすぐそばにいるよ。

3. 動詞・い形容詞の「辞書形」／な形容詞の「な」 + わけだ
~인 것이다(확실함, 당연함)

앞에서 말한 事実을 가지고 論理的으로 結論을 이끌어내어 어떤 事実에 대해 説明하거나 解説할 때 使用한다.

- すると、一人で旅行に行ったというわけですか。
- 李さんは大学で日本語を勉強したのだから、日本語が上手なわけだ。

4. 名詞 + をはじめ ~을 비롯해

비슷한 것 중에 代表的인 것을 例로 들어 말할 때 使用.

- チョコレートをはじめ、いろんなデザートがありますね。
- 彼女は英語をはじめ3言語以上の外国語が話せる。

■ 単語

ガイド 가이드(guide) | 意見(いけん) 의견 | 意味(いみ) 의미 | 特別(とくべつ) 특별 | 存在(そんざい) 존재 | 大事(だいじ) 중요함 | チョコ
レート 초콜릿 | デザート 디저트 | 言語(げんご) 언어 | 以上(いじょう) 이상 | 外国語(がいこくご) 외국어

文型練習 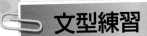   Track 05

四角の中から＿＿＿＿に適当な言葉を入れて文を完成しなさい。

1. 英語はアメリカを＿＿＿＿＿＿＿＿＿、たくさんの国で話されている。

2. 私は老人問題に＿＿＿＿＿＿＿＿＿卒業論文を作成しました。

3. 学生に＿＿＿＿＿＿＿＿＿一番大事なのは勉強です。

4. 待ち合わせに2時間も遅れたから、彼女が怒った＿＿＿＿＿＿＿＿＿です。

5. 学校はいじめ問題に＿＿＿＿＿＿＿＿＿調べました。

6. 昨日到着したばかりなので、こちらの様子がわからない＿＿＿＿＿＿＿＿＿です。

7. 会社に＿＿＿＿＿＿＿＿＿、彼がやめると損害になるのです。

8. あの店は和食定食を＿＿＿＿＿＿＿＿＿、おいしい日本料理が食べられる。

ついて　　　　とって　　　　はじめ　　　　わけ

■ 単語

老人(ろうじん) 노인 | 論文(ろんぶん) 논문 | 一番(いちばん) 가장, 제일 | 待(ま)ち合(あ)わせ 만나기로 하고 기다림 | 怒(おこ)る 화내다,
노하다, 성내다 | いじめ問題(もんだい) 학대문제 | 到着(とうちゃく) 도착 | 様子(ようす) 모습 | 損害(そんがい) 손해 | 和食(わしょく) 일식 |
定食(ていしょく) 정식

練習問題

1 次の漢字の読みがなを書きなさい。

1) 青春 : ＿＿＿＿＿＿　　2) 普通列車 : ＿＿＿＿＿＿

3) 自由席 : ＿＿＿＿＿＿　　4) 販売 : ＿＿＿＿＿＿

5) 同一行程 : ＿＿＿＿＿＿　　6) 乗り換え : ＿＿＿＿＿＿

2 ＿＿＿＿＿＿に一番適当なものを一つ選びなさい。

1) 田中さん、青春18切符＿＿＿＿＿＿教えてほしいのですが……。

① について 　　② のついて 　　③ にあいて 　　④ にはって

2) 青春18切符は1回分が2,300円で、かなりお得な切符という＿＿＿＿＿＿です。

① の 　　　　② もの 　　　　③ こと 　　　　④ わけ

3) 安い‼ 留学生の私に＿＿＿＿＿＿ありがたい切符ですね。

① とっては 　　② ついては 　　③ 対しては 　　④ おいては

4) 京都の嵐山＿＿＿＿＿＿、青森の弘前城、東京の上野恩賜公園などの桜の名所があ
りますよ。

① をはじめて 　　② をはじめる 　　③ をはじめて 　　④ をはじめ

3 次の韓国語を日本語に直しなさい。

1) 자유석을 하루 동안 자유롭게 타고 내릴 수가 있는 표입니다.

＿＿＿＿＿＿＿＿＿＿＿＿＿＿＿＿＿＿＿＿＿＿＿＿＿＿＿＿＿＿＿。

2) 다른 사람과 함께 이용할 경우는 행선지가 동일하지 않으면 안 됩니다.

＿＿＿＿＿＿＿＿＿＿＿＿＿＿＿＿＿＿＿＿＿＿＿＿＿＿＿＿＿＿＿。

3) 갈아타는 게 5번 있어서 힘들지만, 한가롭게 기차를 타는 것도 꽤 좋은 것
같네요.

＿＿＿＿＿＿＿＿＿＿＿＿＿＿＿＿＿＿＿＿＿＿＿＿＿＿＿＿＿＿＿。

ヒアリング・リーディング練習

★ よく聞いて、空欄に入る言葉を入れなさい。 Track 06

旅行について

今日は旅行 ①＿＿＿＿＿ 話したいと思います。旅行には新婚旅行 ②＿＿＿＿＿、卒業旅行や貧乏旅行等々がありますが、皆さんはどんなときに旅行に ③＿＿＿＿＿ですか。

私は気分転換をしたいとき、行きたくなります。広い海を見たり、山に登ったら、④＿＿＿＿＿からです。皆さんはいかがですか。多くの人々は旅行に行くとストレスがなくなるから ⑤＿＿＿＿＿。最近、韓国でも海外旅行をする人が多くなっています。⑥＿＿＿＿＿、外国の文化を学ぶことができるし、本で ⑦＿＿＿＿＿も学べて、視野を広げることができるで

しょう。また、ある人は良い思い出を作るために行く場合もあると思われます。あなた ⑧＿＿＿＿＿旅行というのはどんな意味を持ちますか。

上の文をよく聞いて次の質問に答えなさい。

1) なぜ、私は気分転換をしたいとき、旅行に行きたくなりますか。

＿＿＿＿＿＿＿＿＿＿＿＿＿＿＿＿＿＿＿＿＿＿＿

2) 多くの人たちが、旅行に行きたがる理由は何ですか。

＿＿＿＿＿＿＿＿＿＿＿＿＿＿＿＿＿＿＿＿＿＿＿

3) 海外旅行を通してどんなことが学べますか。

＿＿＿＿＿＿＿＿＿＿＿＿＿＿＿＿＿＿＿＿＿＿＿

4) 旅行を通して、視野を広げるほか、何を作ることができますか。

＿＿＿＿＿＿＿＿＿＿＿＿＿＿＿＿＿＿＿＿＿＿＿

■ 手ダスケ単語

気分転換(きぶんてんかん) 기분전환 | ～を通(とぉ)して ～(을)를 통하여 | 文化(ぶんか)を学(まな)ぶ 문화를 배우다 | 視野(しゃ)を広(ひろ)げる 시야를 넓히다 | 行(い)く場合(ばぁい)もある 갈 경우도 있다

1. あなたは年（ねん）に何回旅行（なんかいりょこう）に行きますか。

2. 今まで行った旅行の中で一番楽しかった旅行はいつでしたか。

3. 旅行に行って困（こま）ったことがありますか。

4. 新婚旅行（しんこんりょこう）(貧乏旅行（びんぼう）／卒業旅行（そつぎょう）)に行くならどこが一番いいと思いますか。

5. 高校（こうこう）や大学の卒業旅行（そつぎょう）はどうでしたか。

6. いろいろな旅行（りょこう）がありますが、どんな旅行が好きですか。

7. 旅行をするとき何で行くのが好きですか。(車（くるま）、自転車（じてんしゃ）、飛行機（ひこうき）、船（ふね）、汽車（きしゃ）、列車（れっしゃ）)

8. 旅行で一番行きたい国はどこですか。(その理由を話してください)

9. 皆さんはどんなとき、どんな理由で旅行に行きたいですか。

10. あなたにとって旅行の楽しみは何ですか。(買い物、おいしい料理、友達作り)

会話のキーワード

単語

- 貧乏旅行 : 배낭여행
- 申請 : 신청
- アフリカ : 아프리카
- 何が必要 : 무엇이 필요해?
- 文化体験 : 문화체험

- パスポート : 여권
- ヨーロッパ : 유럽
- デジカメ : 디지털 카메라
- 非常薬 : 비상약
- 本場の味 : 본고장의 맛

- ビザが下りる : 비자가 나오다
- 東南アジア : 동남아시아
- 休息を取る : 휴식을 취하다

＊ 青春18きっぷ

　青春18きっぷ란, JR선의 보통 열차·쾌속 열차를 하루 동안 마음껏 탈 수 있는 기간 한정의 특별 기획 승차권이다.「青春」「18」이라고 하면 젊은 층을 겨냥한 표라는 인상을 받지만, 연령 제한 없이 누구라도 구입·이용할 수 있고 아이나 어른도 같은 가격이다.

　발매액수는 11,500엔으로, 5회(일) 분이 한 장이다. 즉 1회분(1일분)이 2,300엔이다. 한 장을 5회(사람)까지 이용할 수 있다. (복수 인원수에서도 이용할 수 있고, 그 경우에는 동일 여정이 되어, 입출장 시에는 반드시 청춘 18표 본권이 필요하다.) 봄 방학·여름 방학·겨울 방학에 맞추어 연 3회 발매된다.

　2000년대에 들어서서는 대체로 아래의 일정대로 되어 있다. 확정되어 있는 것은 아니고, 어디까지나 하나의 기준이다.

「발매 기간」과「이용 기간」에는 약간의 차이가 있기 때문에 주의가 필요하다.

	발매 기간	이용기간
봄	2월 20일~3월 31일	3월 1일~4월 10일
여름	7월 1일~8월 31일	7월 20일~9월 10일
겨울	12월 1일~1월 10일	12월 10일~1월 20일

第3課

お花見といえば、
やはり新宿御苑でしょう。

重要ポイント

1. 名詞 ＋ といえば
2. 動詞・形容詞の「辞書形」／名詞 ＋ だけあって
3. 名詞 ＋ のみならず
4. 名詞 ＋ に関しては

ダイアローグ

 Track 07

<お花見>

ミン お花見の季節ですね。どこかいいところをご存じですか。

佐藤 お花見といえば、新宿の近くでは、やはり新宿御苑でしょう。

ミン ギョエンですか。

佐藤 「日本さくら名所100選」に入るだけあって、鮮やかに彩られた桜のすばらしい名所ですよ。

ミン 日本では桜の木の下でお弁当を食べると聞いたのですが……。

佐藤 お弁当のみならず、カラオケをしたり、お酒を飲んだりします。

ミン 桜を見ながらのお酒は、またひと味違うでしょうね。

佐藤 その通りです。ただ残念なことに、新宿御苑への酒類の持ち込みに関しては禁止されているんですけどね。

ミン そうですか。佐藤さんの会社では、どこで花見をするんですか。

佐藤 会社のある新宿から電車で二駅の代々木公園に行きます。いつも豪華なお弁当を注文するので、今年も楽しみです。

ミン やはりお弁当ですか。まさに「花より団子」ですね。

ダイアローグを読んで次の質問に答えなさい。

1. お花見といえばどこですか。

_____

2. 新宿御苑はどんなところですか。

_____

3. 日本では花見に行って木の下で何をしますか

_____

■ ダイアローグ単語

お花見(はなみ) 꽃구경(특히 벚꽃 구경) | 新宿御苑(しんじゅくぎょえん) 신주쿠에 있는 황실소유의 정원 | 桜(さくら) 벚꽃 | 名所(めいしょ) 명소 | 100選(せん) 100선(가려냄, 뽑음, 뽑은 것) | 鮮(あざ)やか 산뜻함, 선명함, 뚜렷함 | 彩(いろど)る 색칠하다, 채색하다 | 酒類(しゅるい) 주류 | 禁止(きんし) 금지 | ひと味違(あじちが)う 다른 것보다 어딘가 다르다 | その通(とお)り (바로) 그대로다 | ただ 단지, 단, 그러나 | 代々木公園(よよぎこうえん) 요요기 공원 | 豪華(ごうか)だ 호화스럽다 | まさに 확실히 틀림없이, 정말로 | 花(はな)より団子(だんご) 금강산도 식후경

文法

1. 名詞 + といえば ～라고 하면

ユ 話題에서 代表的으로 連想되는 것에 대해 말할 때 使用한다.「～というと」,「～といったら」라고
도 함.

- 頭がいい人といえば、ユンさん以外考えられないです。
- 祭りといえば、京都でしょう。

2. 動詞・形容詞の「辞書形」／名詞 + だけあって ～인 만큼

'才能이나 身分에 어울리게 ～하다'라고 感嘆하거나 칭찬할 때 使用한다.

- このカメラは安いだけあって、すぐにこわれてしまった。
- 有名と言うだけあって、ここのステーキはとてもおいしいですね。

3. 名詞 + のみならず ～뿐만 아니라

助詞「のみ(～뿐, ～만)」에「なる」의 否定形「ならず」가 結合되어 '(앞에서 말한 것을 받아) 그것뿐만
이 아니라'란 意味를 나타낸다.「～だけではなく～も」의 文章体.

- みそ汁は、日本人のみならず世界中の人に飲まれています。
- あの外国人は、テレビのみならず新聞でも有名ですね。

4. 名詞 + に関しては ～에 관해서는

主題나 話題를 提示할 때 쓴다.

- 安部さんは、歴史に関しては大学の先生と同じぐらいよく知っています。
- 仕事に関してはとてもまじめな人を使いたい。

■ 単語

祭(まつ)り 축제 | 有名(ゆうめい) 유명 | みそ汁(しる) 된장국 | 歴史(れきし) 역사

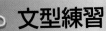

四角の中から＿＿＿＿に適当な言葉を入れて文を完成しなさい。

1. この大学は歴史が長い＿＿＿＿＿＿＿、伝統がある。

2. ご自身の健康問題＿＿＿＿＿＿＿、いつでも相談してください。

3. 日本の冬＿＿＿＿＿＿＿、北海道の雪祭りでしょう。

4. 上海は現代と歴史が同居する街で、中国＿＿＿＿＿＿＿、東洋の中でも最も
   おしゃれな都市だ。

5. 温泉＿＿＿＿＿＿＿、日本では別府温泉でしょう。

6. この店はさすが専門店＿＿＿＿＿＿＿、コーヒーの種類が豊富です。

7. 自分はパソコン＿＿＿＿＿＿＿、全然わかりません。

8. 当ホテルでは朝食・昼食・夕食＿＿＿＿＿＿＿、以下の無料フードサービス
   もめしあがっていただくことができます。

| といえば | に関しては | だけあって | のみならず |

練習問題

1 次の漢字の読みがなを書きなさい。

1) お花見 ：＿＿＿＿＿＿　　　2) 季節 ：＿＿＿＿＿＿

3) 豪華 ：＿＿＿＿＿＿　　　4) 名所 ：＿＿＿＿＿＿

5) 酒類 ：＿＿＿＿＿＿　　　6) 禁止 ：＿＿＿＿＿＿

2 ＿＿＿＿＿に一番適当なものを一つ選びなさい。

1) お花見＿＿＿＿＿、新宿の近くでは、やはり新宿御苑でしょう。

　　① といえば　　　② とは　　　③ では　　　④ としては

2) 「日本さくら名所100選」に入る＿＿＿＿＿、鮮やかに彩られた桜のすばらしい名所ですよ。

　　① だけに　　　② だけあって　　③ のみあって　　④ だけで

3) お弁当＿＿＿＿＿、カラオケをしたり、お酒を飲んだりします。

　　① だけならず　　② のみでは　　③ のみならず　　④ だけでは

4) 新宿御苑への酒類の持ち込みに＿＿＿＿＿禁止されているんですけどね。

　　① おいては　　　② かんしては　　③ よっては　　④ 対しては

3 次の韓国語を日本語に直しなさい。

1) 일본에서는 벚꽃나무 아래에서 도시락을 먹는다고 들었습니다만…….

＿＿＿＿＿＿＿＿＿＿＿＿＿＿＿＿＿＿＿＿＿＿＿＿＿＿＿＿＿＿＿。

2) 머리가 좋은 사람이라고 하면 윤씨 이외에는 생각할 수가 없습니다.

＿＿＿＿＿＿＿＿＿＿＿＿＿＿＿＿＿＿＿＿＿＿＿＿＿＿＿＿＿＿＿。

3) 된장국은 일본인뿐만 아니라 온세상 사람들이 먹고 있습니다.

＿＿＿＿＿＿＿＿＿＿＿＿＿＿＿＿＿＿＿＿＿＿＿＿＿＿＿＿＿＿＿。

ヒアリング・リーディング練習

お花見について

　春 ①　　　　　、やっぱり桜。そして、桜 ②　　　　　、お花見でしょう。開花した桜の木の下で、手作りのお弁当を持ち寄り、宴会をするのが基本です。桜の木の下にシートを広げてお酒を飲んでいる風景は、毎年テレビで報道されます。近年では、日本人 ③　　　　　外国人にも楽しまれています。

　そこで、誰もが楽しめるためのお花見マナー ④　　　　　紹介します。まず、場所取りのときに、広すぎる場所を確保しないことです。 ⑤　　　　　気持を忘れてはいけません。2つ目は大声で ⑥　　　　　です。近くのグループに迷惑をかけないようにしましょう。そして3つ目は、必ずゴミを持ち帰ることです。弁当の空き容器、

　⑦　　　　　さまざまなゴミが出るお花見。ゴミはもちろん、持って帰るのが常識です。このようにマナーを守ることで、誰もが1年に1度のお花見を ⑧　　　　　できるのです。

上の文をよく聞いて次の質問に答えなさい。

1) お花見とは何ですか。

　_____

2) どのような人に楽しまれていますか。

　_____

3) お花見のとき、どのようなことに気をつけるべきですか。(3つ書きなさい)

　_____

■ 手ダスケ単語

開花(かいか) 개화 | 手作(てづく)り 손으로 만듦 | 持(も)ち寄(よ)る 제각기 가지고 모이다 | 広(ひろ)げる 펴다 | 宴会(えんかい) 연회 | 風景(ふうけい) 풍경 | 報道(ほうどう) 보도 | 騒(さわ)ぐ 떠들다 | 確保(かくほ)する 확보하다 | 場所取(ばしょと)り 자리를 잡음 | 譲(ゆず)り合(あ)う 서로 양보하다 | 迷惑(めいわく)をかける 폐를 끼치다 | 常識(じょうしき) 상식 | 守(まも)る 지키다 | 空(あ)き容器(ようき) 빈 용기 | 近年(きんねん) 최근 몇 년

応用会話

1. 日本の桜の名所を知っていますか。

2. あなたの国でもお花見をしますか。（具体的に）

3. あなたはお花見をしたことがありますか。

4. お花見と聞いて思い浮かぶことは何ですか。

5. お花見の楽しみ方にはどんなことがあると思いますか。

6. お花見をするときに、何を準備する必要があると思いますか。

7. お花見をするときのマナーにはどんなことがあると思いますか。

8. お花見に行くとしたら、どこに行きたいですか。

9. なぜ、日本人はお花見が好きなのだと思いますか。

10. あなたの国にお花見のような1年に1度する行事がありますか。

会話のキーワード

❶ 用語説明

・花見酒(桜を見ながら飲む酒)：벚꽃을 보면서 마시는 술

・桜前線：벚꽃 전선(개화시기)

・夜桜(夜に桜を見ること)：밤에 벚꽃을 구경하는 것

❷ お花見に欠かせない食べ物

1)お弁当　2)おにぎり　3)焼き鳥(鳥(닭고기)나 砂肝(모래주머니) 등의 꼬치구이)

4)串焼き(魚、貝、肉、野菜 등을 꼬챙이에 꿰어서 구움)

❸ お花見に用意する飲み物

1)お茶　　2)ジュース　3)ビール(お酒)

❹ だれとお花見をするか。

1)家族　　2)友人　　3)恋人(彼氏、彼女)

日本文化

＊ お花見

　꽃놀이는 주로 꽃을 감상하면서 봄의 방문을 축하하는 관습으로, 일본의 경우 대체로 개화한 벚꽃 아래에서 행해지는 연회를 가리킨다.

　벚꽃나무는 일본 전국에서 폭넓게 볼 수 있고, 봄의 한 시기에 일제히 피었다가 불과 2주 미만이라는 짧은 기간에 지기 때문에 매년 사람들에게 강한 인상을 남겨 일본인의 봄에 대한 계절감을 형성하는 중요한 풍속이 되어 있다.

　꽃놀이는 나라시대 귀족의 행사가 기원이라고 한다. 나라시대에는 중국으로부터 전래된 지 얼마 안 된 매화를 감상했었지만, 헤이안 시대에 벚꽃으로 바뀌었다. 그 존재감의 변천은 노래에도 나타나고 있어 〈만엽집〉에서 벚꽃을 읊은 노래는 40수, 매화를 읊은 노래는 100수 정도이지만, 헤이안 시대의 〈고금 단가집〉에서는 그 수가 역전된다. 또 '꽃'이라고 하면 벚꽃을 의미하게 되는 것도 이즈음부터다.

　'일본 벚꽃 명소 100선'은 재단법인 일본 벚꽃회가 1990년에 전국 각지의 벚꽃 명소 중에서 100곳을 선정한 것이다. 도쿄에서는 다음 5곳이 해당한다.

　우에노 은사 공원(다이토구), 신주쿠 교엔(신주쿠구), 스미다 공원(스미다구), 고가네이 공원(고가네이시), 이노가시라 은사 공원(무사시노시).

第4課

安いからこそ、
人が集まるんですね。

重要ポイント

1. 動詞の「ます形」＋ きれない
2. 動詞の「ない形」＋ ずにはいられない
3. 動詞・形容詞の「辞書形」＋ 限りで
4. 動詞・形容詞の「辞書形」＋ からこそ／名詞 ＋ こそ

ダイアローグ

<カラオケ>

チョン 日本人もよくカラオケに行くんですか。

鈴木 ええ、学生のコンパやサラリーマンなどの懇親会の二次会の会場としてよく利用されます。

チョン ドリンクの種類も豊富で、料理も居酒屋並みにあると聞きました。

鈴木 その通りです。歌いながら食べると料理がさらにおいしい気がして……。だからカラオケに行ったら、料理を食べずにはいられません。

チョン 食べたり、歌ったり忙しそうですね。

鈴木 値段も手頃なんですよ。私が知っているかぎりで、安いところは平日1時間一人10円、休日50円で、ワンドリンク制のところもあります。

チョン 安いからこそ、人が集まるんですね。ところで、鈴木さんの18番は何ですか。

鈴木 実は18番が100曲くらいあるんです。

チョン え！　だったら1、2時間じゃとても歌いきれませんね。

ダイアローグを読んで次の質問に答えなさい。

1. 日本人にとってカラオケはどんなときに利用されていますか。

_____

2. どうして料理を食べずにはいられませんか。

_____

3. 日本のカラオケはいくらくらいですか。

_____

■ ダイアローグ単語 ─────────────

コンパ 학생 등이 회비를 추렴해 베푸는 친목회, 다과회 | **サラリーマン** 샐러리맨 | **懇親会**(こんしんかい) 친목회 | **二次会**(にじかい) 2차 | **会場**(かいじょう) 회장(집회장소) | **種類**(しゅるい) 종류 | **豊富**(ほうふ) 풍부 | **居酒屋**(いざかや) 선술집 | **並**(な)み 견줄 수 있는 것, 동류 | **さらに** 더 한층, 더욱더 | **気**(き)**がする** 생각이 들다 | **値段**(ねだん) 값, 가격 | **手頃**(てごろ) 적합하다, 적당하다 | **平日**(へいじつ) 평일 | **休日**(きゅうじつ) 휴일 | **ワンドリンク制** 원 드링크제도(one drink제도) | **集**(あつ)**まる** 모이다, 모여들다 | **ところで** 그런데, 그것은 그렇고 | **18番**(ばん) 잘 부르는 곡(18번) = **十八番**(おはこ) | **曲**(きょく) 곡

文法

1. 動詞の「ます形」＋ きれない (완전히) ~할 수 없다.

'완전히(충분히, 다) ~할 수 없다'는 意味. きる의 否定 表現.

- 母の作る料理は、いつも量が多すぎて、食べきれない。
- 使いきれないほどのお金がほしい。

2. 動詞の「ない形」＋ ずにはいられない
~하지 않고는 있을 수 없다, ~하지 않을 수 없다.

自身の意志로는 어쩔 수 없이 자연스럽게 그렇게 되어 버린다는 意味의 文章体. 会話体는「~ないではいられない」.

- 佐藤さんは、困っている人がいたら、助けずにはいられない性格です。
- このような話を聞いて、キムさんをほめずにはいられないでしょう。

3. 動詞・形容詞の「辞書形」＋ 限りで ~한 바로(범위)

'自身의 知識과 経験의 範囲 内에서 判断하면'이라는 意味.「~限り」,「~限りでは」라고도 한다.

- 私が聞いている限りで、時間通りに着くということだが……。
- 私の知る限り、彼女は絶対そんなことを言うような人ではない。

4. 動詞・形容詞の「辞書形」＋ からこそ／名詞 ＋ こそ ~이야말로〈강조〉

原因이나 理由를 내세워 特別히 強調할 때 使用.

- 生きているからこそ、人を好きになることができるんだ。
- パソコンは、毎日使うからこそデザインのいいものを選びたいです。

■ 単語 ────────

量(りょう) 양 | 意志(いし) 의지 | 文章体(ぶんしょうたい) 문장체 | 困(こま)る 곤란하다 | 性格(せいかく) 성격 | 知識(ちしき) 지식 | 経験(けいけん) 경험 | 範囲(はんい) 범위 | 判断(はんだん) 판단 | 時間通(じかんどお)り 시간대로 | 絶対(ぜったい) 절대 | 原因(げんいん) 원인 | 理由(りゆう) 이유 | 特別(とくべつ) 특별 | 強調(きょうちょう) 강조

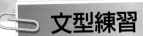

四角の中から_____に適当な言葉を入れて文を完成しなさい。

1. 私が今まで見た_____、妹ほど早口な人はいない。

2. 私はストレスがたまったら、食べ_____。

3. 私にはどうしてもあきらめ_____夢があります。

4. 冬期限定食だが、寒い_____なべ料理だ。

5. 私は記憶にある_____、風邪をひいたことがない。

6. 嫌いになったから別れるのではなく、愛する_____別れる。

7. ニュースでは伝え_____真実が隠れている。

8. この小説は読む人に感動を与え_____。

ずにはいられない　　　　きれない　　　　限り　　　　からこそ

■単語 ────────────────────────────

早口(はやくち) 말이, 빠름 | ストレスがたまる 스트레스가 쌓이다 | あきらめる 단념하다, 체념하다 | 冬期(とうき) 동절기 | 限定食(げんていしょく) 한정식품 | なべ 냄비, 찌개 | 記憶(きおく) 기억 | 別(わか)れる 헤어지다 | 伝(った)える 전하다, 알리다 | 真実(しんじつ) 진실 | 隠(かく)れる 숨기다 | 小説(しょうせつ) 소설 | 感動(かんどう) 감동 | 与(あた)える 주다

練習問題

1 次の漢字の読みがなを書きなさい。

1) 種類 ：＿＿＿＿＿＿　　2) 豊富 ：＿＿＿＿＿＿

3) 懇親会 ：＿＿＿＿＿＿　　4) 会場 ：＿＿＿＿＿＿

5) 休日 ：＿＿＿＿＿＿　　6) 平日 ：＿＿＿＿＿＿

2 ＿＿＿＿に一番適当なものを一つ選びなさい。

1) え! だったら１、２時間じゃとても＿＿＿＿ませんね。

　① うたいきれ　　　　　② うたわないきれ
　③ うたいしまい　　　　④ うたいきり

2) だからカラオケに行ったら、料理を＿＿＿＿いられません。

　① たべきれずには　　　② たべずには
　③ たべないことは　　　④ たべらずには

3) 私が知って＿＿＿＿で、安いところは平日1時間一人10円、休日50円です。

　① いるだけ　　② いるかぎり　　③ いるのみ　　④ いるばかり

4) ＿＿＿＿、人が集まるんですね。ところで、鈴木さんの18番は何ですか。

　① やすいだからこそ　　② やすいからのみ
　③ やすいからこそ　　　④ やすいのでこそ

3 次の韓国語を日本語に直しなさい。

1) 학생 모임이나 샐러리맨 등의 친목회 2차 장소로 자주 이용됩니다.

　＿＿＿＿＿＿＿＿＿＿＿＿＿＿＿＿＿＿＿＿＿＿＿＿＿＿＿。

2) 마실 종류도 풍부하고 요리도 선술집 만큼 있다고 들었습니다.

　＿＿＿＿＿＿＿＿＿＿＿＿＿＿＿＿＿＿＿＿＿＿＿＿＿＿＿。

3) 먹으랴 노래하랴 바쁘겠네요.

　＿＿＿＿＿＿＿＿＿＿＿＿＿＿＿＿＿＿＿＿＿＿＿＿＿＿＿。

曲選び

　あなたはカラオケに行って、どんな曲を選んで歌いますか。最初はやっぱり「　①　　　　　　　　　　　　　　」を歌う人、「　②　　　　　　　　　　　　　」を歌う人、「　③　　　　　　　」を歌う人、曲選びは人それぞれだと思います。

　「ノリの良い曲」を歌うという人に聞くと、「ノリの良い曲」を④　　　　　　　　　、みんなで⑤　　　　　　　　ことができるのだということです。

　また、バラードを歌いたいけど、雰囲気を壊してしまうので、歌いたい曲が⑥　　　　　　　　まま、終わってしまって⑦　　　　　　　　　　という人もいます。とはいっても、一緒に行くパートナーによって違うとは思いますが、カラオケに⑧　　　　　　　　　、やっぱり思い切り楽しむことが第一だと思われます。

上の文をよく聞いて次の質問に答えなさい。

1) 最初はどんな曲を選びますか。

_____

2) どんな曲を歌うと盛り上がりますか。

_____

3) バラードを歌うとどうなりますか。

■ 手ダスケ単語

曲(きょく) 곡 | 選(えら)ぶ 고르다 | 歌(うた)う 노래하다 | 最初(さいしょ) 맨 처음 | バラード 발라드 | やっぱり 역시 | 違(ちが)う 다르다 | 盛(も)り上(あ)がる 흥이 나다 | ノリの良(よ)い曲(きょく) 분위기 살리는 곡 | 雰囲気(ふんいき)を壊(こわ)す 분위기를 깨다

応用会話

1. あなたはよくカラオケに行きますか。(1ヶ月に何回)

2. あなたはだれとカラオケに行きますか。

3. あなたはカラオケでどんな曲を歌いますか。

4. あなたはなぜカラオケに行きますか。

5. あなたはどのように歌いますか。

6. あなたはカラオケに行くと何時間ぐらいいますか。

7. あなたは自分が歌っていないときは何をしますか。

8. あなたの18番は何ですか。

9. カラオケの楽しみ方を教えてください。

10. カラオケでの思い出を話しましょう。

会話のキーワード

・歌手：가수

・アイドルグループ：아이돌 그룹

・ビジュアル系グループ：비주얼 계통의 그룹(X-JAPAN 등)

・歌い放題：노래 부르고 싶은 시간만큼 노래를 부르는 것

・音痴：음치

・歌手になりきって歌う：완전히 가수가 되어 노래 부르다

・感情を込めて歌う：감정을 담아서 노래 부르다

・採点(歌う曲の音程、メロディーやリズムのうまさによって採点される)：채점(노래 부르는 곡의 음정이나 멜로디나 리듬의 능숙함에 의해 채점된다)

日本文化

* カラオケボックス

　가라오케 박스 요금은 이용 인원수와 시간대에 따라 청구되는 것이 일반적이고, 오후 6시 이후 한 명 1시간 당 500엔 전후가 시세다(한 명씩 요금을 지불해야 하는 것에 주의). 일반적으로 이용객이 많은 시간대(오후 6시~오전 0시)나 휴일이 비싸고, 그 이외의 평일 6시경까지는 저렴한 가게가 많다. 프리 타임이라고 하여 시간 무제한 코스도 준비되어 있다.

　또, '원 드링크제'라고 하여, 입실 시에 우선 드링크 한 잔을 무조건 주문해야 하는 곳도 있다. 원 드링크는 대체로 400엔 전후부터이고, 맘껏 마시는 경우는 500엔 전후이며 그 경우는 대체로 '평일 저녁까지라면 1시간 한 명 10엔, 휴일은 50엔'처럼 입실료가 싸다. 반입 OK인 곳도 있다.

　가라오케 박스도 진보되어, 다음과 같이 여러 곳이 있다. 드링크의 종류가 풍부하고 요리도 선술집만큼 있는 곳. 회원 등록하고 자신의 노래 책을 만들 수 있는 곳. 코스프레를 하고 완전히 그 모습이 돼서 노래할 수 있는 곳. 혼자 가서 노래를 연습하거나 즐거워하는 일을 '히토 카라(나홀로 노래방)'라고 하는데, '히토 카라'를 하는 사람을 지원한다며 노래 이력이나 채점표를 주는 곳. 파티 형태로 만들어진 곳. 교가나 사가나 오리지날 곡을 가라오케 곡으로서 제공할 수 있는 곳. 등등.

第5課

女性に限り割引をする
レディースデーがあります。

重要ポイント

1. 動詞の「た」・形容詞の「い(な)」＋ ことに(は)
2. 名詞 ＋ に限り／に限って
3. 動詞の「た」・形容詞の「い(な)／た」・名詞「の」＋ おかげで
4. 名詞 ＋ に比べ(て)

ダイアローグ

Track 13

<映画館>

 オー 日本の映画館では、いろいろな割引がありますね。

 渡辺 学生割引は基本的にあり、女性に限り割引をするレディース
デーがあります。普通は1800円なのですが、レディースデー
は1000円なので、よく利用しています。

 オー 映画好きの渡辺さんにとっては、いいシステムですね。

 渡辺 ええ。レディースデーのおかげで、気軽にいろいろな映画を
見ることができるんです。だいたい、週1回で、水曜日にな
ることが多いです。残念なことに、男性に限り割引をするメ
ンズデーはレディースデーに比べてあまり実施されていない
みたいです。

 オー そうですか。でも、私は学生なので、今は学割がききますか
ら……。

 渡辺 そうですね。その他の割引には平日朝1番のモーニング
ファーストショーもありますよ。

 オー そのシステムは韓国にもあります。午前中の1回目の上映が
1000円になるものですよね。

 渡辺 シネコンにはいろいろな割引制度がたくさんありますよね。

 オー しねこんって何ですか。

 渡辺 複数スクリーンを持つ大型映画館のことをシネマ・コンプレッ
クスと言うんですが、その略です。

 オー ああ、シネコン!! ショッピングモールなどとあわせて郊外に
よくありますね。

ダイアローグを読んで次の質問に答えなさい。

1. 日本の映画館にはどんな割引制度がありますか。

_____

2. レディースデーはいくらで、週何回ありますか。

_____

3. モーニングファーストショーというのはどんなサービスですか。

_____

4. シネコンというのはどんな言葉の略語ですか。

_____

■ ダイアローグ単語

複数(ふくすう) 복수 | 映画館(えいがかん) 영화관 | 割引(わりびき) 할인 | レディースデー 여성의 날(Ladies' Day) | 基本的(きほんてき) 기본적 | おかげで 덕분에 | だいたい 대체, 대강, 대략 | メンズデー 남자의 날(Men's Day) | 比(くら)べる 비교하다 | 実施(じっし) 실시 | 朝一番(あさいちばん) 아침 제일 먼저 | 上映(じょうえい) 상영 | モーニングファーストショー 조조할인(morning first show) | スクリーン 스크린(화면, screen) | 大型(おおがた) 대형 | シネコン 시네마 콤플렉스(한 건물 안에 여러 개의 상영관을 설치한 영화관)의 약자 | シネマ・コンプレックス 시네마 콤플렉스 (cinema complex) | 略(りゃく) 생략, 줄임 | ショッピングモール 쇼핑몰(shopping mall) | あわせる 합치다, 합하다 | 郊外(こうがい) 교외

文法

1. 動詞「た」・形容詞の「い(な)」 + ことに(は)　～하게도

感情을 나타내는 形容詞나 動詞에 붙어 말하려는 内容에 대해 話者의 気分을 미리 表現할 때 쓰임.

- 残念なことに、田中先生の息子さんは、大学に合格できなかったらしいです。
- うれしいことに、父が来年部長になるそうです。

2. 名詞 + に限り／に限って　～에 한해, ～만은

'～에 한해'라는 限定의 뜻과 '～만은 절대 ～하다(결코 ～하지 않다)'라는 뜻의 강한 語調를 나타내는 경우에 使用.

- お食事のお客様に限り、インターネットを無料で気軽に使用できます。
- 早く家に帰った日に限って、妻は友達と遊びに出かけてしまった。

3. 動詞「た」・形容詞の「い(な)・た」・名詞「の」 + おかげで　～덕분에

좋은 結果가 나왔을 때의 原因・理由를 나타낼 때 쓴다. 나쁜 結果인 경우는 「～のせいで」.

- 佐藤さんがパソコンを貸してくれたおかげで、レポートが早く終わった。
- 皆が協力してくれたおかげで、無事に引っ越しができました。

cf. 近所の工場のせいで、夜遅くまで寝ることができません。

4. 名詞 + に比べ(て)　～에 비해(서)

比較해서 말할 때 使用.「～にくらべると」라고도 쓰임.

- 私の日本語に比べて、ソンさんは日本人と同じぐらい上手です。
- 木曜日に比べて、今日はあまり寒くないからコートは着なくてもいい。

■ 単語

感情(かんじょう) 감정 | 話者(わしゃ) 화자 | お客様(きゃくさま) 손님 | 気軽(きがる)に 가볍게(편하게) | 妻(つま) 아내 | 協力(きょうりょく) 협력
| 無事(ぶじ)に 무사히 | 近所(きんじょ) 근처 | 工場(こうじょう) 공장 | 比較(ひかく) 비교

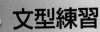
四角の中から＿＿＿＿に適当な言葉を入れて文を完成しなさい。

1. 雨が降りだしたのに、こんなときに＿＿＿＿＿＿＿＿、かさを持って来なかった。

2. 中国製は韓国製に＿＿＿＿＿＿＿＿値段が安いが、品質的にはどうだろう。

3. 肥満は健康には良くないと言われますが、太っている＿＿＿＿＿＿＿＿、
   命が助かった男性がいるそうです。

4. ありがたい＿＿＿＿＿＿＿＿、私には家族と友達がいる。

5. 試験の結果が良い＿＿＿＿＿＿＿＿、奨学金がもらえる。

6. 彼女は今まで遅れることがなかったが、その日に＿＿＿＿＿＿＿＿、
   何時間待っても現れなかった 。

7. 今のお住まいは以前のところに＿＿＿＿＿＿＿＿入った瞬間気持ちよくなります
   ね。

8. おもしろい＿＿＿＿＿＿＿＿、人間はなわばりを作る習性がある。

ことに　　　　限って　　　　おかげで　　　　比べて

■ 単語

韓国製(かんこくせい) 한국 제품 | 品質(ひんしつ) 품질 | 肥満(ひまん) 비만 | 命(いのち) 목숨, 생명 | 助(たす)かる 살아나다, 목숨을 건지다
| 奨学金(しょうがくきん) 장학금 | 現(あらわ)れる 나타나다, 출현하다 | お住(す)まい 사는 곳, 집 | 以前(いぜん) 이전 | 瞬間(しゅんかん) 순
간 | 人間(にんげん) 인간 | なわばり 영역 | 習性(しゅうせい) 습성

練習問題

1 次の漢字の読みがなを書きなさい。

1) 割引 : _____　　2) 実施 : _____　　3) 上映 : _____

4) 大型 : _____　　5) 略 : _____　　6) 郊外 : _____

2 _____に一番適当なものを一つ選びなさい。

1) ありがたい_____女性に限り割引をするレディースデーがありますね。

　　① ことでは　　　② ことにも　　③ ことには　　④ ことなら

2) ええ。レディースデーの_____、助かっています。

　　① せいで　　　　② おかげで　　③ ことで　　　④ まので

3) 男性に限り割引をするメンズデーはレディースデーに_____あまり実施されていないみたいです。

　　① くらべるかぎり　　　　　② くらべるのは
　　③ くらべて　　　　　　　　④ くらべていて

4) 複数スクリーンを持つ大型映画館のことを_____と言うんです。

　　① シネマ・コンプレックス　　　② シネマ・コンプレークス
　　③ シネーマ・コンプレークス　　④ シネーマ・コンプレックス

3 次の韓国語を日本語に直しなさい。

1) 학생할인은 기본적으로 있고, 여성에 한해서 할인을 하는 레이디스데이가 있습니다.

　　_____。

2) 오전 중 첫 번째 상영이 1,000円이 되는 것이군요.

　　_____。

3) 시네마 콤플렉스에는 여러 가지 할인제도가 많이 있군요.

　　_____。

映画館

あなたは、映画館での　①＿＿＿＿　どう思いますか。マナーを知らない客は圧倒的に　②＿＿＿＿　に出没する事が多いといわれています。観客の多い週末やレディースデー　③＿＿＿＿　平日は少ないように感じますが、やはりマナーは守って　④＿＿＿＿　ものです。

例えば、　⑤＿＿＿＿　は携帯電話をマナーモードにするとか、おしゃべりをしないとか、席を立たないとか色々あります。ときどき、ありがたい　⑥＿＿＿＿　注意をしてくれる人がいますが、最近は注意する人も少なくなったように感じます。映画ファンにとっては、こういったマナー　⑦＿＿＿＿　を見ると、とても　⑧＿＿＿＿　になります。

上の文をよく聞いて次の質問に答えなさい。

1) 映画館のマナーを知らない客はどこで多く見られますか。

＿＿＿＿＿＿＿＿＿＿＿＿＿＿＿＿＿＿＿＿＿＿＿＿＿

2) 映画館でのマナーにどんなものがありますか。

＿＿＿＿＿＿＿＿＿＿＿＿＿＿＿＿＿＿＿＿＿＿＿＿＿

3) マナー違反をしている人を見るとどうなりますか。

＿＿＿＿＿＿＿＿＿＿＿＿＿＿＿＿＿＿＿＿＿＿＿＿＿

■ 手ダスケ単語

客(きゃく) 손님 | 圧倒的(あっとうてき) 압도적 | 観客(かんきゃく) 관객 | 出没(しゅつぼつ)する 출몰하다 | 席(せき)を立(た)つ 자리에서 일어나다 | 注意(ちゅうい)する 주의하다 | 嫌(いや)な気持(きも)ち 불쾌한 마음 | 違反(いはん) 위반

応用会話

1. 映画をよく見に行きますか。

2. どんな映画が好きですか。(ラブストーリー、アクション、ホラーなど)

3. 今まで見た中で一番おもしろかった映画は何ですか。

4. お気に入りの映画を紹介してみましょう。

5. あなたが好きな映画俳優はだれですか。

6. あなたはなぜ映画館に行って映画を見ますか。

7. 映画館でマナーの悪い人をどう思いますか。

8. あなたの国では映画の料金(りょうきん)はいくらですか。

9. あなたの国では日本のようなレディースデーの割引制度(わりびきせいど)がありますか。

10. これから見ようと思っている映画はありますか。

会話のキーワード

❶ 映画のジャンル

- アクション映画(액션 영화)　・サスペンス・ミステリー映画(서스펜스 · 미스터리 영화)
- ホラー映画(공포영화)　・ラブロマンス映画(연애영화)
- コメディー映画(코미디 영화)　・ヒューマン映画(휴먼 영화)

❷ 映画の感想(かんそう)

- 感動(かんどう)した(감동했다)
- おもしろかった(재미있었다) ⇔ おもしろくなかった(재미없었다)
- 泣(な)けた(눈물이 나올 만큼 감동했다)
- 映像(えいぞう)がとてもきれいだった(영상이 매우 아름다웠다)
- 考えさせられる映画だった(생각하게 하는 영화이었다)

✽ 映画館

1980년대 후반 이후, 시네마 컴플렉스(시네 콤)라 불리는, 복수 스크린을 가진 대형 영화관이 많아졌다. 쇼핑몰 등과 함께 교외에 지어지는 경우가 많다.

많은 영화관의 어른 요금은 1인 1800엔이지만, '영화의 날(본래 기념일은 12월 1일이지만, 현재는 많은 도도부현에서 매월 1일로 확대되고 있다)'이나 '시니어 할인' 등 여러 가지 할인 제도가 실시되고 있다.

'학생 할인'은 기본적으로 있고, 여성에 한해 할인을 하는 '레이디스 데이'도 있다. 레이디스 데이는 1000엔으로, 대개 주 1회 수요일이 되는 경우가 많다. 남성에 한해 할인을 하는 '맨즈 데이'는 레이디스 데이에 비해 별로 실시되고 있지 않다. 그 외의 할인에는 오전 중 1회째 상영이 1000엔이 되는 평일 아침 첫 번째인 '모닝 퍼스트 쇼(조조할인 상영)'나 한 달에 한 번 '커플 데이'가 있는 곳도 있다.

그리고 '심야 상영'이라고 하여 오후 8시 이후 할인이나, '사다리 할인'이라고 하여 같은 영화관에서 하루에 두 번 이상 입장하는 경우, 두 번째 입장료를 할인하는 제도도 있다.

마지막으로 '회원증 할인'은 회원증이나 스탬프 카드를 제시하는 것만으로 할인이 적용되는 제도로서 많은 영화관이 시행하고 있다.

第6課

好きというほどではありませんが、たまにしますよ。

重要ポイント

1. 動詞・形容詞の「辞書形」＋ というほどではない
2. 動詞の「辞書形」＋ ように
3. 名詞 ＋ にほかならない
4. 名詞 ＋ を問わず

<ボウリング>

高橋　クォンさんはボウリングが好きですか。

クォン　好きというほどではありませんが、たまにしますよ。高橋さんは？

高橋　ええ、かなり好きなんです。高得点が取れるように、個人レッスンを受けたこともありました。もちろん「マイボール」も「マイシューズ」も持っていますよ。

クォン　え、すごいですね。ボウリングはいつも遊びでしていたので、ちょっとびっくりしました。

高橋　ボウリングはアジア競技大会の正式競技種目です。つまりれっきとしたスポーツにほかならないということです。

クォン　はい。すみません……。

高橋　あ、こちらこそすみません。ちょっと熱く語りすぎてしまいました。でも、ボウリングは男女を問わず、行える手頃な集団レクリエーション・ゲームとしての魅力もありますよね。あまり経験の無い人も参加しやすいですから。

クォン　今度、高橋さんの勇姿を見てみたいです。

高橋　勇姿だなんて……。今度いっしょにボウリングをしませんか。ボウリングの魅力を教えてあげますよ。

クォン　はい。是非！

ダイアローグを読んで次の質問に答えなさい。

1. 高橋さんは高得点が取れるように何を準備していますか。

_____

2. ボウリングは日本人にとってどんなスポーツですか。

_____

3. ボウリングはどんな性質を持っていますか。

_____

4. ボウリングはアジア競技大会の正式競技種目の一つですか。

_____

■ ダイアローグ単語

ボウリング 볼링(bowling) | たまに 드물게, 간혹, 어쩌다 | 個人(こじん) 개인 | レッスン 레슨(lesson) | 受(う)ける 받다 | もちろん 물론, 말 할 것도 없이 | つまり 결국, 즉, 요컨대 | 熱(あつ)く語(かた)る 열정적으로 말하다 | 行(おこな)う 실시하다 | 勇姿(ゆうし) 씩씩한 모습 | 魅力(みりょく) 매력 | 高得点(こうとくてん) 고득점 | マイボール 자기 공(my ball) | マイシューズ 자기 신발(my shoes) | れっきとした 어엿하고 훌륭한 모양 | 男女(だんじょ) 남녀 | 問(と)わず 불문하고, 묻지 않고 | 手頃(てごろ) 적합함, 어울림 | 集団(しゅうだん) 집단 | 参加(さんか) 참가 | アジア 아시아(Asia) | レクリエーション・ゲーム 레크리에이션 게임(recreation game) | 性質(せいしつ) 성질 | 競技大会(きょうぎたいかい) 경기대회 | 正式(せいしき) 정식 | 種目(しゅもく) 종목 | 是非(ぜひ) 꼭, 반드시, 세상없어도

1. 動詞・形容詞の「辞書形」 + というほどではない ~할 정도는 아니다

一般的으로 予想되는 것에 비해 程度가 그다지 높지 않다는 意味로 使用되며, 肯定表現은「というほどだ」.

- 好きというほどではありませんが、一ヶ月に一回はすしを食べに行きます。

- 趣味というほどではないが、遊びに行くときには必ずカメラを持っていく。

2. 動詞の「辞書形」 + ように ~하도록

어떤 状態나 状況을 成立시키기 위해 '~을 한다'란 意味.

- 日本語の小説が読めるように、一生懸命漢字を覚えます。

- 次の試合で高得点が取れるように、学校が終わってから一人で練習する。

3. 動詞・名詞 + にほかならない ~(다름 아닌) 바로 그것이다

그것 외에는 다른 것이 될 수 없다고 断定的으로 말할 때 使用.

- 山田さんの夫が病気になったのは、いつも遅くまで働いていたせいにほかならない。

- 母が子どもを怒るのは、子どものことを大切に思っているからにほかならない。

4. 名詞 + を問わず ~를 불문하고

'~에 関係없이', '~를 問題 삼지 않고'란 意味.

- この店では季節を問わず、おいしい魚が食べられます。

- 若い人は病院や電車の中など場所を問わず携帯電話を使う。

■ 単語

一般的(いっぱんてき) 일반적 | 予想(よそう) 예상 | 程度(ていど) 정도 | 趣味(しゅみ) 취미 | 状態(じょうたい) 상태 | 状況(じょうきょう) 상황 | 成立(せいりつ) 성립 | 試合(しあい) 시합 | 練習(れんしゅう) 연습 | 関係(かんけい) 관계 | 場所(ばしょ) 장소

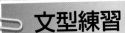

文型練習　Track 17

四角の中から_____に適当な言葉を入れて文を完成しなさい。

1. ドラゴンボールは、世代_____、高い人気を誇る日本のアニメです。

2. 激やせという_____が、以前と比べるとやつれた様子をしている。

3. 地図やガイドマップは、だれにでも分かる_____作ったほうがいい。

4. 彼こそ今、最も海外で注目されている韓国人アーティストに_____。

5. みなさんが道路を安全に安心して使える_____いつもパトロールする。

6. これは、年齢、性別_____、自由に着こなすと個性が出せるようなデザインだ。

7. ここでやめるのは失敗を認めることに_____。

8. 旅行という_____が、ちょっと出かけてみたいと思う。

ほどではない　　　ように　　　ほかならない　　　を問わず

■ 単語

ドラゴンボール 드래곤 볼 | 世代(せだい) 세대 | 誇(ほこ)る 자랑하다, 뽐내다 | 激(げき)やせ 매우 마름 | やつれる 수척해지다, 까칠해지다 | 地図(ちず) 지도 | ガイドマップ 안내지도(guide map) | 最(もっと)も 가장, 제일 | 注目(ちゅうもく) 주목 | アーティスト 예술가(artist) | 道路(どうろ) 도로 | 安全(あんぜん) 안전 | 安心(あんしん) 안심 | パトロール 순찰(patrol) | 性別(せいべつ) 성별 | 年齢(ねんれい) 연령 | 着(き)こなす (옷을) 몸에 어울리게 입다, 맵시 있게 입다 | 個性(こせい) 개성 | 失敗(しっぱい) 실패 | 認(みと)める 인정하다

1 次の漢字の読みがなを書きなさい。

1) 得点 : _____ 2) 種目 : _____ 3) 是非 : _____

4) 手頃 : _____ 5) 性質 : _____ 6) 勇姿 : _____

2 _____に一番適当なものを一つ選びなさい？

1) 好きという_____ありませんが、たまにしますよ。高橋さんは。

  ① ほどでは   ② のみでは   ③ だけでは   ④ ほどには

2) ええ、かなり好きなんです。高得点が_____、個人レッスンを受けたこともありました。

  ① とれるように   ② とれるつもりに

  ③ とれるたびに   ④ とれるみたいに

3) つまりれっきとしたスポーツ_____ということです。

  ① にほかなる   ② にほかない

  ③ にほかならない   ④ にしがならない

4) でも、ボウリングは男女を_____、行える手頃な集団レクリエーション・ゲームです。

  ① とわず   ② はじめ   ③ とわれず   ④ ともに

3 次の韓国語を日本語に直しなさい。

1) 굉장하군요. 볼링은 항상 재미로 했기 때문에 약간 놀랐습니다.

_____。

2) 약간 열정적으로 말해 버렸네요.

_____。

3) 그다지 경험이 없는 사람도 참가하기 쉬우니까요.

_____。

ヒアリング・リーディング練習 ★ よく聞いて、空欄に入る言葉を入れなさい。 Track 18

ボウリング場

① 　　　　　　　　　　ボウリングのスコアが低くても当たり前だと思っている方はいませんか。ボウリングは年齢、性別 ② 　　　　　　　　　　、気をつけるべきポイントが ③ 　　　　　　　　　　、上達することができるスポーツです。

　大切なポイントは3つあります。まず、1つ目は、④

です。2つ目は、⑤ 　　　　　　　　　　　　　　　　です。3つ目は

⑥ 　　　　　　　　　　　　　　　　です。詳しいことは今回は話しませんが、

この3つをマスターして高得点をとることは、努力の結果⑦ 　　　　　　　　と思います。まずは、自分にあった⑧ 　　　　　　　　はじめましょう。

上の文をよく聞いて次の質問に答えなさい。

1) どのような人が上達することができますか。

＿＿＿＿＿＿＿＿＿＿＿＿＿＿＿＿＿＿＿＿＿＿＿＿＿

2) 上達するポイントは何ですか。(3つ)

＿＿＿＿＿＿＿＿＿＿＿＿＿＿＿＿＿＿＿＿＿＿＿＿＿

3) マスターするにはどうしなければなりませんか。

＿＿＿＿＿＿＿＿＿＿＿＿＿＿＿＿＿＿＿＿＿＿＿＿＿

■ 手ダスケ単語

当(あ)たり前(まえ) 당연 | 年齢(ねんれい) 연령 | 性別(せいべつ) 성별 | 上達(じょうたつ) 숙달 | 大切(たいせつ)だ 중요하다 | コントロール 컨트롤 | スピードをあげる 속도를 올리다 | 回転(かいてん) 회전 | 詳(くわ)しい 자세하다 | 努力(どりょく) 노력 | 結果(けっか) 결과 | 気(き)をつける 조심하다

応用会話

1. あなたはボウリングをしたことがありますか。

2. ボウリングをしにだれと一緒（いっしょ）に行きますか。

3. あなたはボウリングが得意（とくい）ですか。それとも苦手（にがて）ですか。

4. あなたのボウリングスコアの最高得点（さいこうとくてん）は何点（なんてん）ですか。

5. ボウリングはどのようなスポーツだと思いますか。

6. あなたの国ではボウリングが盛（さか）んに行（おこな）われていますか。

7. あなたの国のボウリング場（じょう）はどんなところですか。（雰囲気（ふんいき）など）

8. ボウリングの楽しみ方はありますか。

9. ボウリングが上手になるために、何をしたらよいと思いますか。

10. ボウリングをしたときの思い出を自由に話しましょう。

会話のキーワード

❶ ボウリングの代表的な用語

- ・レーン(Lane)：ボールが転がる廊下のこと(볼이 굴러가는 바닥)
- ・ストライク(Strike)：一投目ですべてのピンを倒すこと(첫 번째로 굴려서 모든 핀을 쓰러뜨리는 것)
- ・スペア(Spare)：一投目で残ったピンを2投目ですべて倒すこと。(첫 번째로 굴려서 남은 핀을 두 번째 던지기로 모두 쓰러뜨리는 것)
- ・ガター／ガーター(Gutter)：レーン両サイドにある溝のこと。(레인 양쪽의 홈)
- ・スコア(Score)：ボウリングの得点のこと。(볼링의 득점)

❷ 単語

・転がる：구르다	・廊下：복도	・一投目：첫 투구
・二投目：두 번째 투구	・倒す：쓰러뜨리다	・ピン：(볼링에서) 표적. 핀(pin)
・両サイド：양쪽 사이드	・溝：도랑	・得点：득점
・すべて：모두	・残る：남다	

日本文化

＊ ボーリング場

　일본에서는 1861년 6월 22일 나가사키 오우라 거류지에 첫 볼링장 '인터내셔널 볼링 살롱'이 개설되었다. 이것을 기념하여 현재 6월 22일을 볼링의 날로 여겨 그 날만 할인 서비스 등을 하고 있는 볼링장도 있다.

　현재도 스포츠 인구가 증가하고 있어 국민에게 가장 친밀감 있는 스포츠의 하나다. 또 아시안게임의 정식 경기 종목이자 스포츠 경기라고 정의되고 있지만, 간편한 집단 레크리에이션·게임으로도 보급되어 있어, 남녀 구분없이 별로 경험이 없는 사람이라도 참가하기 쉬운 성격을 가지고 있다.

　볼이나 슈즈는 볼링장에 준비되어 있는 '하우스 볼', '하우스 슈즈'와 개인이 구입해 소유하는 '마이 볼', '마이 슈즈'가 있다.

　'마이 볼'은 중량은 물론 각 지혈(손가락 구멍)의 크기, 각 지혈의 각도, 지혈 간의 거리 등 볼러 개개인의 손에 맞추어 구멍을 뚫을 수 있다. 프로나 본격파는 볼을 여러 개 준비하고 용도(연습용이나 시합용, 또 레인 컨디션별 등)에 따라 구분하여 사용한다.

第7課

何を持っていくかによって、
どんななべになるかが決まります。

重要ポイント

1. 動詞・形容詞の「辞書形」・名詞 + といっても
2. 動詞・形容詞 + くせに／名詞「の」+ くせに
3. 動詞・形容詞 + かによって／名詞 + によって
4. 動詞 + かわりに／名詞「の」+ かわりに

ダイアローグ

<なべパーティー>

鈴木 ミンさん、今度の土曜日にうちでなべパーティーをするのですが、よかったら来ませんか。

ミン パーティーですか。どんなことをするんですか。

鈴木 パーティーといってもそんなにたいしたことはしないんですよ。ただなべをいっしょに食べるだけなのに、表現がオーバーでしたね。

ミン いいえ。楽しそうですね。声をかけてくださって、ありがとうございます。なべパーティーではどんななべを食べるんですか。

鈴木 それは、参加者次第ですよ。参加者みんなで材料を持ち寄るのですが、何を持ってくるかによって、どんななべになるかが決まります。材料によっては、とてもまずいなべができあがるかもしれませんね。

ミン そうですか。聞けば聞くほど楽しそうなパーティーで、早くなべが食べたくなってきました。どんななべでもみんなでなべを囲めば、おいしく感じられそうですね。

鈴木 なべの材料は私と鈴木さんとチョンさんで準備するので、ミンさんは材料のかわりに飲み物を持ってきてください。男のくせに二人は重いものを持ちたくないっていうんです。

ミン わかりました。私は車があるから大丈夫です。何が飲みたいですか。鈴木さんとチョンさんにも聞いてみます。

鈴木 みんなの好みに気を使ってくださるとは、さすがミンさん！それでは土曜日に会いましょう。

ダイアローグを読んで次の質問に答えなさい。

1. 土曜日に何をしますか。

_____

2. だれの家に行きますか。

_____

3. 土曜日に何を食べますか。

_____

4. ミンさんは何を持っていきますか。

_____

■ ダイアローグ単語

なべ 냄비, 찌개 | そんなに 그렇게, 그토록 | たいした 대단한, 굉장한, 놀랄 만한 | オーバーだ 과장되다, 지나치다 | 声(こえ)をか
ける 말을 걸다, 말을 붙이다 | 参加者(さんかしゃ) 참가자 | 次第(しだい) 〜에 따라 결정됨 | 材料(ざいりょう) 재료 | 囲(かこ)む 둘러싸다,
에워싸다 | 感(かん)じられる 느낄 수 있다 | かわり 대신, 대리 | 気(き)を使(つか)う 신경을 쓰다 | さすが 역시, 과연

71

文法

1. 動詞・形容詞「辞書形」・名詞 + といっても　〜라고 해도

앞에서 말한 事実に 대해 実際로는 程度가 그다지 크지 않다는 것을 덧붙여 말할 때 使用.

- 日本へ行くといっても、仕事で行くのでお土産は買って来られないよ。
- いくらハンバーグが好きといっても、毎日は食べたくない。

2. 動詞・形容詞 + くせに／名詞「の」 + くせに　〜한(인) 주제에

앞의 内容으로 당연히 予想되는 結果와 다른 事態가 나타날 때 使用. 不満이나 非難 등 마이너스 評価가 많다.

- 自分から手伝うといったくせに、その日になってから来ないと連絡が来た。
- 女のくせにという時代はもう終わった。

3. 動詞・形容詞 + 〜かによって／名詞 + によって　〜에 따라서

名詞를 받아 '手段, 方法, 原因'을 나타내거나 疑問詞「か形」에 붙어서 '그것을 根拠로 해서'란 意味로 使用.

- 私は、彼女が何を飲むのかによって、今日の気持ちが分かります。
- 病気の原因は、その人の生活習慣によってぜんぜん違う。

4. 動詞 + かわりに／名詞「の」 + かわりに　〜대신에

'다른 사람이나 사물, 일을 대신해서'란 意味.

- 妹は、ダイエットのために晩ご飯を食べないかわりに、果物を食べています。
- 私が子どもの世話をするので、そのかわりにデパートでかばんを買ってね。

■ 単語

事実(じじつ) 사실 | 実際(じっさい) 실제 | 程度(ていど) 정도 | お土産(みやげ) 선물 | 内容(ないよう) 내용 | 予想(よそう) 예상 | 結果(けっか) 결과 | 事態(じたい) 사태 | 不満(ふまん) 불만 | 非難(ひなん) 비난 | 評価(ひょうか) 평가 | 連絡(れんらく) 연락 | 手段(しゅだん) 수단 | 原因(げんいん) 원인 | 疑問詞(ぎもんし) 의문사 | 根拠(こんきょ) 근거 | 習慣(しゅうかん) 습관

文型練習

 Track 20

四角の中から＿＿＿＿に適当な言葉を入れて文を完成しなさい。

1. 先に出発した＿＿＿＿＿＿＿＿なんで1時間も遅く到着したの。

2. 有名なホテル＿＿＿＿＿＿＿＿、駅から遠いと不便だ。

3. 道路での試験に合格すること＿＿＿＿＿＿＿＿、やっと自動車を運転することができる。

4. 家族の＿＿＿＿＿＿＿＿ビデオ録画をした。

5. 外国語、特に発音は、最初だれから習うか＿＿＿＿＿＿＿＿違う。

6. 彼は男の＿＿＿＿＿＿＿＿そんな細かいことまで気にする。

7. アナウンサーになりたい＿＿＿＿＿＿＿＿、何を準備したらいいのか分からない。

8. 許してもらう＿＿＿＿＿＿＿＿おごることにした。

といっても　　　　によって　　　　くせに　　　　かわりに

■ 単語 ────────────────────────────────

到着(とうちゃく) 도착 | 道路(どうろ) 도로 | 合格(ごうかく) 합격 | 録画(ろくが) 녹화 | 発音(はつおん) 발음 | 細(こま)かい 상세하다, 자세하다 | 気(き)にする 걱정하다, 마음에 두다 | アナウンサー 아나운서 | 準備(じゅんび) 준비 | 許(ゆる)す 허락하다, 용서하다 | おごる 한턱내다

練習問題

1 次の漢字の読みがなを書きなさい。

1) 参加者　　：＿＿＿＿＿　　　2) 次第　：＿＿＿＿＿

3) 材料　　　：＿＿＿＿＿　　　4) 囲む　：＿＿＿＿＿

5) 感じられる：＿＿＿＿＿　　　6) 道路　：＿＿＿＿＿

2 ＿＿＿＿に一番適当なものを一つ選びなさい。

1) パーティー＿＿＿＿そんなにたいしたことはしないんですよ。

① といっても　　② というより　　③ というには　　④ というから

2) 男＿＿＿＿二人は重いものを持ちたくないっていうんです。

① くせに　　　② のせいに　　③ のだけに　　④ のくせに

3) 材料＿＿＿＿、とてもまずいなべができあがるかもしれませんね。

① によるのは　　　　　　② にかぎっては
③ によっては　　　　　　④ については

4) ミンさんは材料＿＿＿＿飲み物を持ってきてください。

① のかわりに　　② にたいして　　③ のわりに　　④ のさいに

3 次の韓国語を日本語に直しなさい。

1) 참가자 모두 재료를 가지고 옵니다만, 무엇을 가져올지에 따라서, 어떤 냄비가(전골이) 될지가 결정됩니다.

＿＿＿＿＿＿＿＿＿＿＿＿＿＿＿＿＿＿＿＿＿＿＿＿＿＿＿＿。

2) 어떤 냄비요리든 간에 냄비를 둘러싸면, 맛있게 느껴질 것 같네요.

＿＿＿＿＿＿＿＿＿＿＿＿＿＿＿＿＿＿＿＿＿＿＿＿＿＿＿＿。

3) 모두의 취향에 신경을 써 주시다니, 과연 민씨! 그러면 토요일에 만납시다.

＿＿＿＿＿＿＿＿＿＿＿＿＿＿＿＿＿＿＿＿＿＿＿＿＿＿＿＿。

ヒアリング・リーディング練習　★ よく聞いて、空欄に入る言葉を入れなさい。　 Track 21

なべ料理

　なべ料理とは、なべの中に ①　　　　　　　　　　　　　などさまざまな

材料を入れて調理し、そのなべを ②　　　　　　　食卓に出す料理のことです。なべ料

理には ③　　　　　　　　　　があり、食材も ④　　　　　　　　　　　違います。

何人かでその ⑤　　　　　　　　　　　　　、各自の取り皿に取り分けて食べます。最

後には、なべ料理の ⑥　　　　　　　　　　、雑炊をする人も多いらしいです。最後の

⑦　　　　　　　　　　、作り方は簡単ですが、これがとてもおいしいのです。

　冬になべ料理を食べてあたたまったり、親しい人、あるいは親しい

⑧　　　　　　　　　　　とする人となべを囲んでコミュニケーションを深

めたりすることができることで、日本人にとってはなべ料理は人気の高い料理で

す。

上の文をよく聞いて次の質問に答えなさい。

1) なべ料理とはどんな料理ですか。

_____

2) 最後の締めで何を食べる人が多いですか。

_____

3) なぜなべ料理は人気が高いのですか。

_____

■ 手ダスケ単語

なべ料理(りょうり) 식탁에 냄비를 놓고 끓이면서 먹는 요리 | さまざま 여러 가지 | 調理(ちょうり)する 조리하다 | 食卓(しょくたく) 식탁 | 種類(しゅるい) 종류 | 食材(しょくざい) 요리 재료 | 違(ちが)う 다르다 | 囲(かこ)む 둘러싸다 | 各自(かくじ) 각자 | 取(と)り皿(ざら) 각자가 덜어 먹기 위한 작은 접시 | 雑炊(ぞうすい) 채소나 어패류 등을 잘게 썰어 넣고 된장이나 간장으로 간을 맞추어 끓인 죽 | 分(わ)ける 나누다 | 最後(さいご)の締(し)め 요리 마지막에 먹는 것으로 마무리를 하는 것 | 親(した)しい 친근하다 | 築(きず)く 이루다, 구축하다, 쌓다 | 深(ふか)める 깊게 하다

1. 冬に食べたいものは何ですか。

2. どんななべ料理を食べたことがありますか。

3. あなたの好きななべ料理は何ですか。

4. あなたが今、一番食べたいなべ料理は何ですか。

5. なべに入れたらおいしい食材、またはおいしそうな食材は何ですか。

6. なべ料理のあと、残っただし汁（スープ）を利用して作る締めの料理は何が良いと思いますか。

7. うちでするなべパーティーの何が楽しいと思いますか。

8. なべ料理の一番良いところは何だと思いますか。

9. みんなでなべパーティーをすることになりました。あなたが用意_{よ う い}する食材は何ですか。

10. なべパーティー（または、食事中のとき）でのエピソードを自由に話してみましょう。

会話のキーワード

なべ料理

- **すき焼_やき**：쇠고기나 닭고기 등을 두부·파 등과 함께 국물을 조금 부어 끓이면서 먹는 전골 비슷한 냄비요리

- **しゃぶしゃぶ**：얇게 저민 쇠고기·야채 등을 끓는 물에 살짝 데쳐 양념장에 찍어먹는 냄비 요리

- **キムチなべ**：김치찌개(전골)

- **ちゃんこなべ**：생선, 고기, 채소 등을 큼직하게 썰어 큰 냄비에 넣고 끓여 먹는 요리(원래 씨름꾼 이 먹던 독특한 요리)

- **寄_よせなべ**：모듬냄비. 고기·생선·조개·버섯·채소·두부 등의 재료를 냄비에 넣고, 국물을 많이 하여 끓이면서 먹는 요리

- **水炊_{みずた}き**：영계백숙. 크게 토막 낸 영계를 싱겁게 간한 국물에 끓이는 냄비 요리. 두부·채소를 넣기 도 함

日本文化

＊ なべパーティー

추운 계절의 대표요리라고 하면, 역시 '냄비 요리'다. 몸속부터 따뜻해지고, 야채도 충분히 먹을 수 있으며, 모두가 하나의 냄비 요리를 둘러쌈으로써 즐거운 회화가 활기를 띤다.

「○○なべ」라고 할 때는 냄비의 종류를 말하는 경우와 냄비를 사용해 식탁에서 만드는 조림 요리(탕 요리)의 명칭을 가리키는 경우가 있다.

유키히라 냄비, 중화 냄비, 압력 냄비 등은 냄비의 종류이며, 해선 탕, 모둠 탕, 찬코 탕, 오리 탕, 아구 탕, 소고기 탕 등은 냄비요리 종류다. 탕이라고 말하지 않아도 탕 요리의 일종으로 유명한 것으로 스키야키, 샤브샤브 등이 있다.

일본인은 이전부터 탕 요리를 좋아했는데, 최근에는 「なべパーティー」라고 하여 가족, 친척, 친구들과 즐겁게 교류하려는 경향이 강해지고 있다.

대구 지리, 이시카리 탕, 굴 탕 등 일상의 식탁에는 많은 냄비 요리가 있는데, 평소의 탕에 질리면, 자신들이 생각해낸 서양식 탕 요리에 도전하는 사람들도 있다. 맥주는 물론이거니와 샴페인이나 와인과도 궁합이 잘 맞는다. 평상시와 다른 화려한 분위기를 즐길 수 있다. 가족이나 친구와 따뜻하고 즐거운 냄비 파티를 즐겨 보자.

第8課

インターネットをするついでに
マンガを読むこともできますよ。

重要ポイント

1. 動詞 ＋ ついで(に)／名詞「の」＋ ついで(に)
2. たとえ ＋ 動詞 ＋ ても／たとえ ＋ 名詞 ＋ でも
3. 動詞の「辞書形・ない」＋ わけにはいかない
4. 動詞の「ない形」＋ ざるをえない

ダイアローグ

<ネカフェ>

 最近、ネカフェによく行くんですけど、クォンさんは行った
ことがありますか。

 ネカフェって、何ですか。

 インターネットカフェのことです。マンガ喫茶もいっしょに
なっているところが多いので、インターネットをするついで
にマンガを読むこともできますよ。

 そうですか。他にはどんなことができるんですか。

 ドリンクが飲み放題なんです。だからたとえのどが渇いてい
なくても、ついつい飲んでしまうんです。もとを取るために
は、飲まないわけにはいきませんよね。しかも1時間400円で
すから、安いでしょう？

 私も行ってみたいです。インターネットカフェで、日本の新
たな一面が見られそうですね。

 そうですね。インターネットカフェ難民もいますし。

 難民ですか。

 不景気で家を手放さざるをえなかった人々がインターネット
カフェで生活しているんです。簡易ベッドやシャワーもあり
ますから。

 そうですか。まだまだ私の知らない日本があるんですね。

ダイアローグを読んで次の質問に答えなさい。

1. ネカフェとは何ですか。

_____

2. ネカフェではどんなことができますか。

_____

3. インターネットカフェ難民とはどんな人たちですか。

_____

■ ダイアローグ単語 ─────────────────────────

ネカフェ '인터넷 카페'의 준말 | インターネットカフェ 인터넷 카페(internet cafe), PC방 | マンガ喫茶(きっさ) 만화찻집, 만화방 | たとえ 비유, 비슷한 예 | のど 목 | 渇(かわ)く 마르다, 건조하다 | ついつい 무심코, 그냥 | もとを取(と)る 본전을 뽑다 | しかも 그 위에, 게다가 | 新(あら)た 새로움, 생생함 | 一面(いちめん) 일면 (한쪽 면) | 難民(なんみん) 난민 | 不景気(ふけいき) 불경기 | 手放(てばな)す 남에게 넘겨주다, 양도하다 | 簡易(かんい) 간이 | まだまだ 아직, 아직도

81

文法

1. 動詞 + ついで(に)／名詞「の」 + ついで(に) ～하는 김에

本来の目的を為のために 하는 行為 외에 추가적으로 다른 行為도 하는 경우에 使用.

- 宮島へ行くついでに、広島のお好み焼き村でお好み焼きを食べてこようと思っています。
- ねぇ、あなた! 買い物のついでに、郵便局によってきてくれない。

2. たとえ + 動詞 + ても／たとえ + 名詞 + でも 설령 ～하더라도

'어떤 경우라 하더라도 ～(하)다'라는 意味.

- たとえ世界が終わっても、あなたのことは忘れない。
- たとえ社長の命令でも、それは絶対できません。

3. 動詞の「辞書形・ない形」 + わけにはいかない
~할 수는 없다, ～하지 않을 수는 없다

一般的 常識, 社会的인 통념, 過去 体験으로 '불가능하다'는 意味.

- 大学生だからといって、毎日遊んでいるわけにはいかないよね。
- 昨日遅くまでお酒を飲んでいたからといって、仕事に行かないわけにはいかない。

4. 動詞の「ない形」 + ざるをえない ～하지 않을 수 없다

자기 意志에 반해서 어쩔 수 없이 한다는 뜻. 選択의 여지가 없다는 意味로「～するほかない」로도 使用可能. 단「する」는「せざるをえない」로 씀.

- 親が決めたことだから、いやでもアメリカへ留学に行かざるをえなかった。
- 台風が近づいているので、今日のサッカーの練習を中止せざるをえなくなりました。

■ 単語 ─────────────────────────────

本来(ほんらい) 본래 | 行為(こうい) 행위 | 命令(めいれい) 명령 | 絶対(ぜったい) 절대 | 常識(じょうしき) 상식 | 社会的(しゃかいてき) 사회적
| 過去(かこ) 과거 | 体験(たいけん) 체험 | 意志(いし) 의지 | 選択(せんたく) 선택 | 可能(かのう) 가능 | 台風(たいふう) 태풍 | 近(ちか)づく
접근하다 | 練習(れんしゅう) 연습 | 中止(ちゅうし) 중지

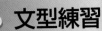
四角の中から＿＿＿＿に適当な言葉を入れて文を完成しなさい。

1. いくら体の調子が悪いといって、欠席をこれ以上許す＿＿＿＿＿＿＿＿＿＿＿＿。

2. ＿＿＿＿＿＿＿＿＿＿＿交通が便利でも、近くにスーパーがないと不便だ。

3. 今回東京へ出張に行く＿＿＿＿＿＿＿＿＿＿、ディズニーランドへ行ってくるつもりだ。

4. 世界には戦争でふるさとを離れ＿＿＿＿＿＿＿＿＿＿人々がたくさんいる。

5. パーティーに行きたいからといって、仕事に行かない＿＿＿＿＿＿＿＿＿。

6. ＿＿＿＿＿＿＿＿＿＿お金があっても、暇がないと遊びには行けない。

7. 今からちょっと出かけてくる＿＿＿＿＿＿＿＿＿夕御飯を食べてくる。

8. 親は子供に何があっても責任があるといわ＿＿＿＿＿＿＿＿＿。

ざるをえない　　ついでに　　わけにはいかない　　たとえ

■ 単語

調子(ちょうし) 상태 | 欠席(けっせき) 결석 | 戦争(せんそう) 전쟁 | 故郷(ふるさと) 고향 | 離(はな)れる 떠나다, 벗어나다 | 暇(ひま)だ 한가
하다 | 出(で)かける 외출하다 | 親(おや) 부모 | 責任(せきにん) 책임

練習問題

1 次の漢字の読みがなを書きなさい。

1) 難民 ：＿＿＿＿＿＿   2) 不景気 ：＿＿＿＿＿＿

3) 新た ：＿＿＿＿＿＿   4) 一面 ：＿＿＿＿＿＿

5) 手放す ：＿＿＿＿＿＿   6) 簡易 ：＿＿＿＿＿＿

2 ＿＿＿＿に一番適当なものを一つ選びなさい。

1) インターネットをする＿＿＿＿マンガを読むこともできますよ。

    ① つつ   ② ながら   ③ ついでに   ④ ともに

2) だからたとえのどが渇いていなくても、＿＿＿＿いきませんよ。

    ① のむわけには   ② のまないわけには

    ③ のみないわけには   ④ のもうわけには

3) 不景気で家を＿＿＿＿をえなかった人々がインターネットカフェで生活しているんです。

    ① てばなすざる   ② てばなさなざる

    ③ てばなさざる   ④ てばなせざる

4) インターネットカフェで、日本の新たな一面が＿＿＿＿ですね。

    ① みられそう   ② みれそう   ③ みないそう   ④ みるそう

3 次の韓国語を日本語に直しなさい。

1) 그렇군요. 인터넷 카페 난민도 있고.

＿＿＿＿＿＿＿＿＿＿＿＿＿＿＿＿＿＿＿＿＿＿＿＿＿＿＿＿＿。

2) 목이 마르지 않아도 마시지 않을 수가 없겠네요.

＿＿＿＿＿＿＿＿＿＿＿＿＿＿＿＿＿＿＿＿＿＿＿＿＿＿＿＿＿。

3) 부모가 결정한 것이어서 싫어도 미국에 유학을 가지 않을 수 없었다.

＿＿＿＿＿＿＿＿＿＿＿＿＿＿＿＿＿＿＿＿＿＿＿＿＿＿＿＿＿。

ヒアリング・リーディング練習

★ よく聞いて、空欄に入る言葉を入れなさい。 Track 24

インターネットカフェ

  ①　　　　　　　家のパソコンで調べることができても、インターネットカフェに ②　　　　　　　　　　　　。インターネット利用以外の利用目的として ③　　　　　　　　　、漫画を読みに行ったり、 ④　　　　　　　、休憩などが考えられます。インターネットを ⑤　　　　　　　何かできるということが人気の一つではないでしょうか。最近では、デートスポットとして利用されることも多く、カップル席などが用意され、ゲームセンターや ⑥　　　　　　　　　　　　　場所として ⑦　　　

います。 ⑧

雰囲気などが違いますので、ご自分に合ったネットカフェを探すのも一つの楽しみかもしれません。

上の文をよく聞いて次の質問に答えなさい。

1) インターネット利用以外の目的は何ですか。

_____

2) なぜインターネットカフェが人気の一つだと考えられていますか。

_____

3) 最近では、何として利用されることが多いと言っていますか。

_____

■ 手ダスケ単語

調(しら)べる 조사하다 | 利用(りよう) 이용 | 目的(もくてき) 목적 | 以外(いがい) 이외 | 挙(あ)げる (예 등을) 들다 | 漫画(まんが) 만화 | 暇(ひま)つぶし 심심풀이, 시간 때우기 | 休憩(きゅうけい) 휴식 | デートスポット 데이트 장소로서 주목을 받는 곳 | 席(せき) 좌석 | 用意(ようい) 준비 | 注目(ちゅうもく) 주목 | 店舗(てんぽ) 점포

1. あなたはよくインターネットカフェに行きますか。

2. 行くと答えた人は週（月）に何回行きますか。

3. インターネットカフェに行く目的は何ですか。

4. あなたの国のインターネットカフェにはどのようなサービスがありますか。

5. インターネットカフェにあったら良いなと思うサービスはありますか。

6. あなたはパソコンで何をしますか。（メール、ゲームなど）

7. あなたは一日どのくらいパソコンを使いますか。

8. あなたがインターネットをする目的は何ですか。

9. なぜインターネットカフェが人気だと思いますか。

10. インターネットが普及している今の時代をどう思いますか。

会話のキーワード

座席

- シングル個室席：隣席の視線を気にせず利用できる。
  옆 자리 시선을 신경 쓰지 않고 이용할 수 있다
- ペア席：男女2人あるいは女性2人で使用することを想定した席
  남녀 2명 혹은 여성 2명이 사용하는 것을 상정한 좌석
- フラット席：平坦な席。寝転がったり、足を伸ばしてくつろぐことができる。
  평탄한 좌석. 누워 뒹굴거나 발을 펴서 편하게 쉴 수 있다.
- オープン席：リーズナブルな価格で幅広く利用できるオープン席
  합리적인 가격으로 폭 넓게 이용할 수 있는 오픈 석
- リクライニング席：ゆったり座り心地の良いリクライニングチェアを設置した、個室タイプのブース 느긋하게 앉는 느낌이 좋은 리클라이닝 시트를 설치한 독실 타입의 부스
- マッサージ席：本格的なマッサージチェアーが利用できる。
  정통 마사지 의자를 이용할 수 있다.

日本文化

＊ インターネットカフェ

인터넷 카페(Internet cafe)라는 것은 인터넷에 접속된 PC를 유료로 이용할 수 있는 시설이다. '넷 깃사', '넷 카페', '네카페' 등 여러 가지 명칭으로 불리고 있다.

종래부터 인기가 있었던 만화카페의 부속설비의 하나로서 인터넷을 이용할 수 있는 PC의 도입이 진행되었다.

자택에 PC를 소유하지 않거나 혹은 고장 중이거나 항상 인터넷에 접속할 수 있는 환경을 도입하지 않았거나, 또는 여행 중이거나 외출 중인 사람들이 부담 없이 인터넷 환경을 이용할 수 있는 것이 인터넷 카페이다. 그와 더불어 온라인 게임용 PC의 도입에 의해 종래의 만화카페의 만화 단행본·잡지와 어깨를 나란히 하는 손님 끌기 컨텐츠로서 인기가 정착되었다. 많은 기업은 신규 비즈니스로서 만화와 인터넷을 복합시킨 인터넷 카페를 체인으로 열었다.

그 후, 소비자 요구가 높아지면서 대도시로부터 지방도시에도 점포를 내게 되어 인터넷 카페는 어뮤즈먼트 시설로서 일반적으로 인지되는 존재가 되었다.

최근 경제 불황과 함께 집이 없이 인터넷 카페를 생활의 거점으로 하고 있는 '인터넷 난민'이라는 사람들의 출현 등이 문제가 되고 있다.

第9課

この興奮が冷めやらぬうちに、
いっしょにドライブに行きませんか。

重要ポイント

1. 形容詞の「て形」＋ たまらない
2. 動詞の「辞書形・ない・た」／形容詞の「辞書形・ない・た」
   ／名詞 ＋ に（も）かかわらず
3. 動詞の「ない（ぬ）」＋ うちに
4. 名詞 ＋ 次第だ・次第で（は）

ダイアローグ

<ドライブ旅行>

クォン 高橋さん、何かあったんですか。うれしくてたまらない顔をしていますよ。

高橋 あ、わかりましたか。実は、バイト代をためて車を買ったんです。中古車ですけど、清水の舞台から飛び降りるような気持ちでしたよ。

クォン 自分で車を買うなんて、すごいですね。最近はニートのように働かない若者が問題になっているにも関わらず、学生で自立している高橋さんはかっこいいです！

高橋 そんなに誉められると、恥ずかしいです。この興奮が冷めやらぬうちに、いっしょにドライブに行きませんか。

クォン それは、高橋さんの運転次第ですよ。まさか免許取りたてですか。

高橋 免許を取ったのは3年前で、今までは父の車に乗っていました。

クォン それなら安心ですね。東京近郊のドライブコースは、どんなところですか。

高橋 そうですね。箱根には芦ノ湖という湖があるし、横浜で海を見るのもいいですね。

クォン 箱根！ 温泉もあるんですよね。ぜひ、行ってみたかったんです。

高橋 そうですか。じゃあ、今週末、箱根へ行きましょう。

ダイアローグを読んで次の質問に答えなさい。

1. 高橋さんはどうしてうれしくてたまらない顔をしていましたか。

_____

2. 中古車をどんな気持ちで買いましたか。

_____

3. ドライブはいつ、どこへ行こうとしていますか。

_____

■ ダイアローグ単語

ためる 모으다 | 中古車(ちゅうこしゃ) 중고차 | 清水(きよみず)の舞台(ぶたい)から飛(と)び降(お)りるような気持(きもち)ち 清水(きよみず)의 무대에서 뛰어내리기라도 할 것 같은 기분. 과감하게 큰 결단을 내린다는 비유 표현 | ニート 「ニート(NEET)」「Not in Education, Employment or Training」「学校にも通わず、仕事もせず、職業訓練も受けない若者」をさす. '학교에도 다니지 않고, 일도 하지 않고, 직업 훈련도 받지 않는 젊은이'를 가리킨다. | 若者(わかもの) 젊은이, 청년 | 自立(じりつ) 자립 | 誉(ほ)められる 칭찬을 받다 | 興奮(こうふん) 흥분 | 冷(さ)める 식다, 흥이 깨지다 | まさか 설마, 아무리 그렇더라도 | 免許取(めんきょと)りたて 면허를 갓 취득한 사람 | 近郊(きんこう) 근교 | 芦(あし)ノ湖(こ) 아시노 호수 | 湖(みずうみ) 호수 | 箱根(はこね) 하코네

91

文法

1. 形容詞の「て形」 + たまらない ~해서 견딜 수 없다

말하는 사람의 感情, 感覚, 欲求의 程度가 심한 것을 나타냄. 「とても~だ」「~てしかたがない」의 意味. 第3者에게 使用할 때는 普通「ようだ, そうだ, らしい」등과 함께 쓴다.

- 妻は、汚い部屋を見ると片付けたくてたまらなくなるらしいです。
- 最近、犬が太って重くてたまらないです。

2. 動詞の「辞書形・ない・た」／形容詞の「辞書形・ない・た」／名詞 +

に(も)かかわらず ~임에도 불구하고

'~에 関係 없이', '~을 問題삼지 않고'란 意味.

- 私の娘は結婚したにも関わらず、毎日うちへ来てご飯を食べるんですよ。困ったものです。
- 何回も注意しているにも関わらず、あの子達は神社にある木に登って遊んでいる。

3. 動詞の「ない(ぬ)形」 + うちに ~하기 전에

'~하지 않은 状態가 계속되는 동안에'란 意味. 「~ぬうちに」는 「~ないうちに」의 文語体.

- この料理が冷めないうちに、早く召し上がってください。
- これ以上値段が下がらぬうちに、アパートを売ったほうがいいと思います。

4. 名詞 + 次第だ／で(は) ~하기 나름이다, ~하기에 따라서(는), ~에 따라 결정됨

'~에 따라 여러 가지로 바뀐다, 좌우된다'란 意味.

- 家族がおいしいご飯を食べることができるかは、母の料理の腕次第です。
- 日曜日のサッカー大会が行われるかは、天気次第だ。

■ 単語

感覚(かんかく) 감각 | 欲求(よっきゅう) 욕구 | 程度(ていど) 정도 | 関係(かんけい) 관계 | 神社(じんじゃ) 신사 | 登(のぼ)る 오르다 | 文語体(ぶんごたい) 문어체 | 冷(さ)める 식다 | 召(め)し上(あ)がる ドメ다(食(た)べる의 높임말) | 値段(ねだん) 값, 가격 | 腕(うで) 역량, 솜씨, 실력, 팔

文型練習   Track 26

四角の中から_____に適当な言葉を入れて文を完成しなさい。

1. あんなにひどい目にあった_____、また同じことをやろうとする。

2. 祖母は、祖父がなくなってから毎日悲しくて_____みたいです。

3. 戦争は、相手を大切に思う気持ち_____で、なくすことができる。

4. 真夏日が続き、外は暑くて_____ですが、皆さんお元気でしょうか。

5. 風邪には、お風呂でさっと温まって、湯ざめしない_____寝るのがかなり効果的です。

6. 1時間も早く家を出た_____、自転車で来た人よりも遅く着くなんて……。

7. 私が知らない_____、ある人から悪口をたくさん言われているみたいだ。

8. 次回の計画につきましては、決定_____、お知らせいたします。

にも関わらず　　　　たまらない　　　　次第　　　　うちに

■ 単語

ひどい目(め)にあう(遭う) 참혹한 꼴을 당하다 | 祖母(そぼ) 할머니 | 祖父(そふ) 할아버지 | 戦争(せんそう) 전쟁 | 真夏日(まなつび) 한여름 날씨 | 続(つづ)く 계속되다 | さっと 잽싸게, 날렵하게, 순식간에 | 湯冷(ゆざ)め 목욕 뒤에 느끼는 한기 | 効果的(こうかてき) 효과적 | 悪口(わるくち) 욕 | 次回(じかい) 다음 | 計画(けいかく) 계획 | 決定(けってい) 결정

1 次の漢字の読みがなを書きなさい。

1) 中古車 : _____ 2) 舞台 : _____ 3) 若者 : _____

4) 自立 : _____ 5) 興奮 : _____ 6) 近郊 : _____

2 _____に一番適当なものを一つ選びなさい。

1) _____顔をしていますよ。

　① うれしくてたまらない　　② うれしいたまる

　③ うれしくままない　　　　④ うれしくてままならない

2) 最近はニートのように働かない若者が問題になって_____……。

　① いりにも関わらず　　　② いるに関わらず

　③ いるにも関わらず　　　④ いる関わらず

3) この興奮が_____、いっしょにドライブに行きませんか。

　① 冷めやるうちに　　　② 冷めやらぬうちに

　③ 冷めたらうちに　　　④ 冷やらぬうちに

4) それは、高橋さんの_____ですよ。

　① 運転次第　　② 運転なわけ　　③ 運転のわけ　　④ 運転次第に

3 次の韓国語を日本語に直しなさい。

1) 과감하게 큰 결단을 내렸어요.

　_____。

2) 면허를 취득한 것은 3년 전으로, 지금까지는 아버지 차를 운전했어요.

　_____。

3) 저는 하코네 온천에 꼭 가 보고 싶었습니다.

　_____。

ヒアリング·リーディング練習

★ よく聞いて、空欄に入る言葉を入れなさい。 Track 27

ドライブ旅行

あなたは休日に何をしますか。休みだと思うと ① 　　　　ですね。天気 ② 　　　　　ですが、ドライブ旅行へ出かけてみるのはいかがですか。多様なドライブがあるけれど、やっぱり ③ 　　　　秋のドライブが最高だと言われています。

本日は ④ 　　　　　　　　で人気の箱根を紹介します。箱根をドライブするならもちろん ⑤ 　　　　　　　　　　のが、温泉道楽です。宿に泊まって ⑥ 　　　　　　のもいいけれど、ドライブ ⑦ 　　　立ち寄るなら日帰り温泉がおすすめです。気楽に温泉地域をまわりながら、ドライブと温泉を同時に ⑧ 　　　　　　　　のはどうでしょうか。

上の文をよく聞いて次の質問に答えなさい。

1) 休日は何をしてみましょうと言っていますか。

_____

2) 関東エリアのどこを紹介していますか。

_____

3) ドライブをしながら何をするのが良いと言っていますか。

_____

■ 手ダスケ単語

休日(きゅうじつ) 휴일 | 多様(たよう) 다양 | 過(す)ごす 지내다 | 最高(さいこう) 최고 | 本日(ほんじつ) 금일 | 温泉道楽(おんせんどうらく) 온천 도락(온천을 취미로서 즐김) | 宿(やど) 숙소 | 立(た)ち寄(よ)る 들르다 | 関東(かんとう) 관동 | エリア 지역(area) | 気楽(きらく) 마음 편함 | 日帰(ひがえ)り 당일치기 | すすめる 권하다 | まわる 돌다 | 満喫(まんきつ) 만끽

1. あなたは運転免許を持っていますか。

2. あなたはドライブをすることが好きですか。

3. どこをドライブしたことがありますか。

4. あなたの国で日帰りでドライブ旅行をするとしたらどこが良いですか。

5. だれとドライブをしたいですか。または、だれとしたことがありますか。

6. 思い出に残っているドライブ旅行はありますか。

7. ドライブのついでに立ち寄るならどこがお勧めですか。

8. ドライブしたいと思うのはどんな時ですか。

9. ドライブのときに必ず持っていくものは何ですか。

10. ドライブ旅行の計画を立ててみましょう。

会話のキーワード

下の単語を使って話してみよう

- 高速道路：고속도로
- 国道：국도
- 会席料理：한 가지씩 접시에 담아 한상 차리는 것
- サービスエリア：서비스 에어리어, 고속도로의 휴게소
- カーナビ（カーナビゲーション）：내비게이션
- レンタカー：렌터카
- 夜景：야경
- 景色：경치
- お一人様：한 분
- 日暮れ：황혼, 저녁때
- ペーパードライバー：페이퍼 드라이버(paper driver). 운전할 기회가 전혀 없는 면허 취득자
- 国際免許：국제면허
- 切り替え：바꿈, 갊
- ギアの切り替え：(자동차) 기어 변속

97

✽ エコドライブ

에코 드라이브란, 한마디로 말하면 '환경을 배려한 자동차의 사용'인데, 서서히 발진하는 것을 유의하거나 쓸데없는 아이들링을 멈추는 등 연료의 절약에 노력해 지구 온난화에 큰 영향을 주는 이산화탄소(CO_2)의 배출량을 줄이는 운전을 말한다.

교토 의정서에 의한 일본의 온실 효과 가스 6% 삭감 달성을 위해서, 지구 온난화 대책 추진 본부가 설치되어 국민 모두가 하나가 되어 임하는 국민운동(애칭 '팀·마이너스 6%')이 추진되고 있는데, 이 안의 '6개의 액션'의 하나로서 '에코 드라이브를 하자'고 제시되고 있다.

그 중 '에코 드라이브 10가지 권유' 항목은 아래와 같다.

1. 부드럽게 액셀 『e스타트』
2. 가속·감속이 적은 운전
3. 빠른 액셀 오프
4. 에어콘 사용 줄이기
5. 아이들링 스톱
6. 난기운전은 적절히
7. 도로 교통 정보의 활용
8. 타이어의 공기압을 세세하게 체크
9. 불필요한 짐은 넣지 않고 주행
10. 주차 장소에 주의

第 10 課

ホテルどころか、
どこに行くかも決まっていません。

重要ポイント

1. 動詞の「辞書形」・形容詞の「い(な)」・名詞 ＋ どころか
2. 動詞の「辞書形」・形容詞の「い(な)」 ＋ わけではない
3. 動詞の「辞書形・た」 ＋ (か)と思うと・(か)と思ったら
4. 動詞の「た」 ＋ ところで

ダイアローグ

 Track 28

<温泉>

 高橋 　チョンさん、そんなにみけんにしわをよせて、どうしたんですか。

 チョン 　高橋さん、いいところに！ 実は今回の社員旅行のことで、いろいろ悩んでいて……。

 高橋 　チョンさんが幹事でしたね。ホテルは決めましたか。

 チョン 　いいえ。ホテルどころか、どこに行くかも決まっていません。もうそろそろ旅行の告示をしないといけないのに……。

 高橋 　チョンさんに日本を見せたいということで、先輩たちがチョンさんを幹事にしたんですよ。だからチョンさんが行きたいところに行けばいいんです。

 チョン 　行きたいところがないわけではないのですが、社員旅行ですからみんなの意見を反映したいんです。特に女性社員に合わせた方がいいかと思って……。

 高橋 　みんなの意見を集めたところで、多様な意見が出てしまって、かえって決められないと思いますよ。それなら、温泉が無難かもしれないですね。日本の伝統的な旅館に行って、温泉に入ったり、カラオケをしたりすれば、みんなが楽しめますから。

 チョン 　私も温泉に行ってみたかったんです。日本の温泉は硫黄が豊富に含まれていて、水質がいいと聞いています。しかも、露天風呂で混浴なんですよね？

 高橋 　え？ 露天風呂はだいたいどこにもありますが、混浴はほとんどありませんよ。あっても若い人はほとんど入りません。

 チョン 　そうですか。じゃ、温泉で社員旅行のプランを作ってみます。ありがとうございました。

ダイアローグを読んで次の質問に答えなさい。

1. チョンさんは、何を悩んでいますか。

_____

2. チョンさんはどうして幹事になりましたか。

_____

3. 高橋さんはどんなアドバイスをしましたか。

_____

4. 日本に露天風呂や混浴はたくさんありますか。

_____

■ **ダイアローグ単語**

みけんにしわをよせる 미간을 찌푸리다 | **幹事**(かんじ) 간사 | **告示**(こくじ)(공고) 고시(공고) | **反映**(はんえい) 반영 | **多様**(たよう) 다양, 여러
가지 | かえって 오히려, 도리어, 반대로 | **無難**(ぶなん) 무난, 그런대로 괜찮음 | **伝統的**(でんとうてき) 전통적 | **硫黄**(いおう) 유황 | **豊**
富(ほうふ) 풍부 | **含**(ふく)**まれる** 포함되다 | **水質**(すいしつ) 수질 | **露天風呂**(ろてんぶろ) 노천탕 | **混浴**(こんよく) 혼욕 | **プラン** 계획,
기획, 구상, 설계(plan)

文法

1. 動詞の「辞書形」・形容詞「い(な)」・名詞 + どころか ~는커녕

앞에서 말한 事実과 正反対이거나 予想이나 期待와는 다른 事実을 말할 때 使用.

- ダイエットを始めて1ヶ月だが、やせるどころか3キロも太ってしまった。
- 30歳までに結婚したいのですが、彼女どころか女友達もいません。

2. 動詞の「辞書形」・形容詞の「い(な)」 + わけではない ~한 것은 아니다

現在의 状況과 直前의 発言으로 당연히 일어날 것을 否定할 때 使用.

- 私はふだんあまり料理をしないが、料理が嫌いなわけではない。やる暇がないだけなのだ。
- 全然日本語が話せないわけではないのだが、いざというとき口から出てこないのだ。

3. 動詞の「辞書形・た」 + (か)と思うと・(か)と思ったら ~라고 생각했더니

意外의 発見이나 놀라운 일인 경우 使用.

- コーヒーが飲めないわけではないが、夜眠れなくなるのではないかと思ったら飲みたくなくなる。
- 熱が下がったかと思うと次は腹痛と吐き気がしてかなりつらかった。

4. 動詞「た」 + ところで ~한들, ~한다 해도

어떤 行為를 해도 期待한 結果를 얻을 수 없는 것을 나타낸다. 結果 부분은 주로 '無意味하다'란 否定的인 判断이나 評価를 나타내는 表現이 使用된다.

- 毎日、アメリカ人の家へ遊びに行ったところで、簡単に英語がうまくなるとはかぎりません。
- ただ、店のメニューをきれいに並べたところで、お客さんが増えるはずがありません。

■ 単語

事実(じじつ) 사실 | 正反対(せいはんたい) 정반대 | 予想(よそう) 예상 | 期待(きたい) 기대 | やせる 마르다 | 太(ふと)る 뚱뚱해지다, 살찌다 | 直前(ちょくぜん) 직전 | 発言(はつげん) 발언 | 暇(ひま) 여유, 시간, 짬 | いざ 막상, 정작 | ふだん 평소 | 行為(こうい) 행위 | 判断(はんだん) 판단 | 増(ふ)える 늘다(늘어나다)

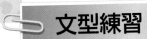 **文型練習** Track 29

四角の中から＿＿＿＿に適当な言葉を入れて文を完成しなさい。

1. 来週チェさんの誕生日なのに、プレゼント＿＿＿＿＿＿＿＿、そのことを忘れていた。

2. このパーティーに招待した＿＿＿＿＿＿＿＿、パクさんは絶対に来ないと思いますよ。

3. 別に予定がある＿＿＿＿＿＿＿＿のですが、うちでゆっくりしたいです。

4. 田中さんの奥さんは、やさしい＿＿＿＿＿＿＿＿鬼のような人だ。

5. 桜の季節かと＿＿＿＿＿＿＿＿、もう、散ってしまうんですね。

6. 匂いが消えた＿＿＿＿＿＿＿＿のに、窓を開けずによく我慢できますね。

7. そんなに悲しんだ＿＿＿＿＿＿＿＿、死んだ人が生き返るわけではない。

8. 彼と別れてもう二度と逢えないかと＿＿＿＿＿＿＿＿胸が張り裂けそうです。

思っていたら　　わけではない　　ところで　　思うと　　どころか

■ 単語

招待(しょうたい) 초대 | 絶対(ぜったい) 절대 | 予定(よてい) 예정 | 鬼(おに) 괴물 | 散(ち)る (꽃이나 잎이)지다, 떨어지다 | 匂(にお)い 냄새 | 消(き)える 없어지다, 사라지다 | 我慢(がまん) 참음, 견딤 | 生(い)き返(かえ)る 되살아나다, 소생하다 | 胸(むね)が張(は)り裂(さ)ける 가슴이 찢어지다

練習問題

1 次の漢字の読みがなを書きなさい。

1) 温泉 : _____ 2) 幹事 : _____ 3) 告示 : _____

4) 無難 : _____ 5) 硫黄 : _____ 6) 水質 : _____

2 _____に一番適当なものを一つ選びなさい。

1) いいえ。_____、どこに行くかも決まっていません。

  ① ホテルだろうか   ② ホテルにあるまいか

  ③ ホテルどころか   ④ ホテルのところで

2) 行きたいところが_____のですが

  ① ないわけではない   ② ないものではない

  ③ ないことではない   ④ ないわけではなく

3) みんなの意見を集め_____、多様な意見が出てしまいました。

  ① どころか   ② たところ   ③ るところで   ④ たところで

4) 特に女性社員に合わせた方が_____……。

  ① いいよ思って   ② いいかと思って

  ③ いいか思って   ④ いい思って

3 次の韓国語を日本語に直しなさい。

1) 이제 슬슬 여행 공지를 하지 않으면 안 되는데…….

  _____。

2) 사원 여행이기 때문에 모두의 의견을 반영하고 싶습니다.

  _____。

3) 혼욕은 있어도 젊은 사람은 거의 들어오지 않습니다.

  _____。

ヒアリング・リーディング練習 ★ よく聞いて、空欄に入る言葉を入れなさい。 Track 30

温泉

皆さん、忙しいと言っても年中忙しいという ① ＿＿＿＿＿＿＿＿＿＿よね。そこで、体を ② ＿＿＿＿＿＿＿＿＿＿温泉に行ってみるのはどうですか。③ ＿＿＿＿＿＿＿＿＿＿いる人は、まずは、温泉の効能をしっかり受ける効果的な入浴方法を確認しておきましょう。④ ＿＿＿＿＿、湯船に入る前には、必ずかけ湯をしましょう。「かけ湯」は汗や汚れを落としてから ⑤ ＿＿＿＿＿＿＿＿＿＿マナーであると同時に、お湯の温度と成分に体を慣らす意味もあるのです。⑥ ＿＿＿＿＿、半身浴でゆっくりと湯船につかり、出たり入ったりするというのを２・３回 ⑦ ＿＿＿＿＿＿＿＿＿＿のが良いと言われています。そして、最後に ⑧ ＿＿＿＿＿＿＿＿＿＿、入浴後には水分補給を忘れないということが大切です。

> ## 上の文をよく聞いて次の質問に答えなさい。
>
> 1) 体を休めるためにはどこに行くのが良いですか。
>
> ＿＿＿＿＿＿＿＿＿＿＿＿＿＿＿＿＿＿＿＿＿＿＿＿＿＿＿
>
> 2)「かけ湯」にはどういう意味がありますか。
>
> ＿＿＿＿＿＿＿＿＿＿＿＿＿＿＿＿＿＿＿＿＿＿＿＿＿＿＿
>
> 3) 温泉にはどのように入ったら良いですか。
>
> ＿＿＿＿＿＿＿＿＿＿＿＿＿＿＿＿＿＿＿＿＿＿＿＿＿＿＿

■ 手ダスケ単語 ───────────────────────────────

確認(かくにん) 확인 | 湯船(ゆぶね) 목욕통(욕조) | 汗(あせ) 땀 | 汚(よご)れ 더러워진 곳 | 成分(せいぶん) 성분 | 年中(ねんじゅう) 연중, 일년 내내 | 効能(こうのう) 효능 | 効果的(こうかてき) 효과적 | かけ湯(ゆ) 온천탕에 들어가기 전에 몸에 끼얹는 따뜻한 물 | 慣(な)らす 적응시키다 | 汚(よご)れを落(お)とす 때를 벗기다 | 入浴(にゅうよく)する 입욕하다 | 繰(く)り返(かえ)す 반복하다, 되풀이하다 | 水分補給(すいぶんほきゅう) 수분보급 | 半身浴(はんしんよく) 반신욕(하반신만 따뜻한 물에 담그는 목욕 법) | 上(あ)がり湯(ゆ) 욕실에서 나올 때 몸에 끼얹는 깨끗한 더운물

応用会話

1. 温泉に行ったことがありますか。

2. どこに行きましたか。

3. あなたの国にも温泉がありますか。

4. なぜ温泉に行きますか。または、行くと思いますか。

5. 日本の温泉地を知っていますか。

6. 行ってみたい温泉がありますか。

7. 温泉にはどのような効果があると思いますか。

8. 温泉に行ったときの思い出を話してください。

9. 温泉に行く楽しみは何ですか。

10. 日本の温泉について知っていることがありますか。

会話のキーワード

お風呂の種類やタイプ

・**大浴場**
宿泊客全員が使える共同の大きなお風呂　숙박 손님 전원이 사용할 수 있는 공동의 큰 목욕탕

・**露天風呂**
屋外・野外にあるお風呂　옥외・야외에 있는 목욕탕

・**ジャクージ風呂**
ジェット噴流式のお風呂で、浴槽内の穴から気泡を含んだ噴流が出る
Jacuzzi bath : 제트 분류식의 목욕탕으로, 욕조 내의 구멍에서 거품을 포함한 기류가 나온다.

・**内風呂** : 屋内にあるお風呂　실내 목욕탕

・**貸し切り風呂** : 전세(빌리는) 목욕탕

・**家族風呂** : 가족 탕

・**混浴** : 혼욕

日本文化

＊ 温泉

　일본은 화산이 많은 나라이기 때문에 옛날부터 화산 성격의 온천이 많았다. 당초부터 온천은 병이나 상처 치료에 효능이 있는 장소였다.

　각 온천지의 기원 전설에는 사슴, 학, 백로 등의 동물이 상처를 치유한 전설이나, 고보대사 등 고명한 승려가 처음 온천을 발견했다고 하는 전설도 있다.

　또한 문헌에 따르면 〈일본서기(720년 완성)〉, 〈속 일본기(797년 완성)〉, 〈만엽집(7세기 후반에서 8세기 후반 경 편찬)〉에 아리마 온천(현재 효고 현), 시라하마 온천(와카야마 현), 다마쓰쿠리 온천(시마네 현), 도고 온천(에히메 현) 등을 천황이 다녀갔었다고 기술되어 있다.

　에도시대(1603-1868)에는 온천을 '서민탕'과 '사무라이탕'으로 구별하여 사용했다. 그리고 온천은 일반 서민에게도 사랑을 받게 되었는데, 이 시대부터 일반서민들에게 농한기를 이용하여 치료목적이나 피로회복, 건강촉진을 도모하기 위해 온천을 찾아가는 풍습이 생기게 되었다. 에도시대부터 생겨난 이러한 온천 치유 풍속은 현재까지도 계속 남아 있다.

第11課

伝統を守りながらも、
最先端を行くカフェですか。

重要ポイント

1. 動詞・い形容詞の「辞書形」／な形容詞「な」＋ ことか
2. 名詞 ＋ によると
3. 動詞の「ます形」・い形容詞の「辞書形」・な形容詞の「語幹」・名詞 ＋ ながら(も)
4. 名詞 ＋ に応じて

ダイアローグ

Track 31

<カフェ>

鈴木 ミンさん。明日、ちょっとぜいたくにカフェでランチをしませんか。

ミン わあ！ なんかおしゃれですね。そういう「OL生活」にどんなに憧れていたことか！

鈴木 そんなミンさんにピッタリのカフェですよ。これを見てください。この雑誌によると、うちの会社のすぐ横のカフェが今、話題になっているらしいんです。

ミン 「伝統を守りながらも、最先端を行くカフェ」ですか。内装が和風で、料理はフレンチ？

鈴木 はい。内装もいいんですけど、選べるソースで有名みたいですね。「客のリクエストに応じて、多種多様のソースが準備される」って書いてありましたよ。

ミン そうですか。でも昼休みの間に、行って帰って来ることができるか、ちょっと心配ですね。

鈴木 予約をしておけば、カフェについたときにはもう食事が準備されているので、時間は十分あると思いますよ。

ミン 予算はいくらくらいですか。

鈴木 ランチは2千円です。でも、料理の内容を考えるとお得でしょう？

ミン そうですね。明日はカフェに合うように、おしゃれして来ますね！

 ダイアローグを読んで次の質問に答えなさい。

1. 鈴木さんとミンさんは、明日どこに行きますか。

_____

2. 雑誌に載っていたカフェはどんなカフェですか。

_____

3. 予算はいくらですか。

_____

■ ダイアローグ単語

ぜいたく 사치스러움(호강함) | カフェ 카페(cafe) | ランチ 런치(lunch) | おしゃれ 멋쟁이 | OL 여사무원(office + lady) | 憧(あこが)れる 동경하다 | ピッタリ 딱 맞는 모양 | 守(まも)る 지키다 | 最先端(さいせんたん) 최첨단 | 内装(ないそう) 실내 장식 | 和風(わふう) 일본풍 | フレンチ 프랑스 요리(french) | ソース 소스(sauce) | リクエスト 요청, 요구(request) | 多種多様(たしゅたよう) 다양함 | 間(あいだ)に 사이에, 동안에 | 十分(じゅうぶん) 충분 | 予算(よさん) 예산 | お得(とく) 이익, 이득

111

文法

1. 動詞・い形容詞の「辞書形」／な形容詞の「な形」 + ことか
~던가(는지)

程度나 量이 심하다는 意味를 感情을 담아 表現할 때 使用.

- 昨日の夜、隣の家の人が助けてくれなかったら、今頃私はどうなっていたことか。
- 佐藤さんは、私に何も言わなかったけれど、何回仕事を代わってあげようと思ったことか。

2. 名詞 + によると ~에 의하면

들은 事実이나 推測의 根拠 및 출처를 나타냄.

- 経済の専門家によると、今年の経済よりも来年の方が少しいいそうです。
- 昨日のニュースによると、明日はとても寒いのでコートを着て出かけたほうがいいらしいですよ。

3. 動詞の「ます形」・い形容詞の「辞書形」・な形容詞の「語幹」・名詞 + ながら(も) ~하면서도

'~하는데', '~지만'이란 역접의 意味를 나타냄.

- 日本人はお正月に神社に行きながらも、だれか亡くなるとお寺へも行くそうです。
- 私の家は、狭いながらも家族が毎日笑って暮らせる暖かい家です。

4. 名詞 + に応じて ~에 따라

'状況의 変化와 多様性에 준해서'란 意味.

- パソコンを買うときには、その目的に応じて選ぶほうがいいですよ。
- この旅館では、出すお金に応じて肉料理と魚料理を選ぶことができる。

■ 単語

程度(ていど) 정도 | 感情(かんじょう) 감정 | 今頃(いまごろ) 지금 쯤 | 代(か)わる 대신하다 | 推測(すいそく) 추측 | 根拠(こんきょ) 근거 | 経済(けいざい) 경제 | 専門家(せんもんか) 전문가 | 神社(じんじゃ) 신사 | 暮(く)らす 살다, 살아가다, 지내다 | 状況(じょうきょう) 상황 | 変化(へんか) 변화 | 多様性(たようせい) 다양성 | 旅館(りょかん) 여관

文型練習　　Track 32

四角の中から＿＿＿＿に適当な言葉を入れて文を完成しなさい。

1. 先輩の話に＿＿＿＿＿＿＿＿＿、山本さんは世界で有名な自動車会社の社長に
   なったそうです。

2. 良くないと思い＿＿＿＿＿＿＿＿＿、上司の顔色を見て仕事をしてしまいます。

3. シャツの色に＿＿＿＿＿＿＿＿＿、ネクタイの色も合わせたほうが格好良いですよ。

4. ついに明日から連休だ。この日をどれほど待ち望んだ　＿＿＿＿＿＿＿＿＿。

5. 毎日忙しいと言い＿＿＿＿＿＿＿＿＿、兄は毎晩お酒を飲んで帰ってきます。

6. 必要に＿＿＿＿＿＿＿＿＿気軽に健康相談ができ、自宅まで診療に来てくれる、
   専門的な医療が必要です。

7. ある調査に＿＿＿＿＿＿＿＿＿、子供の肥満が年々増え続けているそうです。

8. トイレからあなたが出てくるのをどれだけ待っていた＿＿＿＿＿＿＿＿＿。
   もう少しで危ないところだった。

応じて　　　　　よると　　　　　ながらも　　　　　ことか

■単語

先輩(せんぱい) 선배 | **上司**(じょうし) 상사 | **顔色**(かおいろ) 얼굴색, 안색 | **シャツ** 셔츠 | **合**(あ)**わせる** 맞추다 | **連休**(れんきゅう) 연휴 |
待(ま)**ち望**(のぞ)**む** 기다리고 기다리다 | **毎晩**(まいばん) 매일 밤 | **自宅**(じたく) 자택 | **診療**(しんりょう) 진료 | **専門的**(せんもんてき) 전문적
| **医療**(いりょう) 의료 | **調査**(ちょうさ) 조사 | **肥満**(ひまん) 비만 | **年々**(ねんねん) 해마다 | **増**(ふ)**え続**(つづ)**ける** 계속 증가하다 | **危**(あぶ)
ない 위험하다

練習問題

1 次の漢字の読みがなを書きなさい。

1) 憧れる ：＿＿＿＿＿＿＿＿
2) 最先端 ：＿＿＿＿＿＿＿＿
3) 内装 ：＿＿＿＿＿＿＿＿
4) 和風 ：＿＿＿＿＿＿＿＿
5) 十分 ：＿＿＿＿＿＿＿＿
6) 予算 ：＿＿＿＿＿＿＿＿

2 ＿＿＿＿＿＿に一番適当なものを一つ選びなさい。

1) そういう「OL生活」にどんなに憧れて＿＿＿＿＿＿！

　① いったことか　② いたことか　③ いるのか　　④ いこうか

2) この雑誌＿＿＿＿＿＿、うちの会社のすぐ横のカフェが有名です。

　① へよると　　② へよらず　　③ によると　　④ によらず

3) 「伝統を＿＿＿＿＿＿、最先端を行くカフェ」ですか。

　① まもるながらも　　　　　② まもることも
　③ まもりながらも　　　　　④ まもりことも

4) 客のリクエスト＿＿＿＿＿＿、多様多種のソースが準備される。

　① 応じて　　　② に応じて　　③ を応じて　　④ が応じて

3 次の韓国語を日本語に直しなさい。

1) 실내 인테리어는 일본풍이고, 요리는 프랑스 요리?

　＿＿＿＿＿＿＿＿＿＿＿＿＿＿＿＿＿＿＿＿＿＿＿＿＿＿＿＿＿＿＿。

2) 시간은 충분이 있다고 생각해요.

　＿＿＿＿＿＿＿＿＿＿＿＿＿＿＿＿＿＿＿＿＿＿＿＿＿＿＿＿＿＿＿。

3) 그렇군요. 내일은 카페에 맞도록 멋을 내고 올게요.

　＿＿＿＿＿＿＿＿＿＿＿＿＿＿＿＿＿＿＿＿＿＿＿＿＿＿＿＿＿＿＿。

ヒアリング・リーディング練習

★ よく聞いて、空欄に入る言葉を入れなさい。 Track 33

カフェ

カフェに行く目的は何だと思いますか。「休憩や ①＿＿＿＿の場所として」、「雑談・ ②＿＿＿＿＿＿の場所として」、「人との待ち合わせ場所として」、「おいしいコーヒーやお茶を飲むため」など色々な理由があると思われます。

③＿＿＿＿＿＿＿お店の内装や雰囲気が ④＿＿＿＿＿＿＿、カフェに行く目的も違うのです。

小さいカフェ ⑤＿＿＿＿＿＿、窮屈というわけではなく、ある種の ⑥＿＿＿＿＿なものを感じられるお店もたくさんあります。その日の目的や気分 ⑦＿＿＿＿、お店を ⑧＿＿＿＿＿も一つの楽しみでしょう。

上の文をよく聞いて次の質問に答えなさい。

1) カフェに行く目的は何ですか。

_____

2) お店によって何が違うと言っていますか。

_____

3) 何に応じてお店を変えることも良いと言っていますか。

_____

■ 手ダスケ単語

休憩(きゅうけい) 휴게, 휴식 | 憩(いこ)う (편히) 쉬다, 휴식하다 | 雑談(ざつだん) 잡담 | おしゃべり 수다 | 窮屈(きゅうくつ) 비좁음, 답답함, 거북함, 부자유스러움 | ある種(しゅ) 어떤 종류 | ゆとり 여유 | 変(か)える 바꾸다

応用会話

1. あなたはよくカフェに行きますか。

2. カフェに行くとどのくらいお店にいますか。

3. カフェに行く目的は何ですか。

4. カフェで何をしますか。

5. カフェのいいところは何ですか。

6. あなたのよく行くカフェはありますか。

7. カフェにだれと行きますか。

8. なぜ女性はカフェが好きなのだと思いますか。

9. どんな雰囲気のカフェがいいですか。

10. あなたの国の有名なカフェについて話してみましょう。

会話のキーワード

下の単語を使って話してみよう。

・のんびりする：느긋하다, 유유히(한가로이) 보내다
・おしゃべりをする：이야기하다, 수다떨다
・雰囲気のあるお店：분위기 있는 가게
・ソファがあるお店：소파가 있는 가게
・コーヒーがおいしいお店：커피가 맛있는 가게
・ケーキがおいしいお店：케이크가 맛있는 가게

日本文化

* カフェ

　카페(프 café)는 본래 커피의 의미이며, 바뀌어 커피 등을 마시는 음식점을 의미한다. 전통적으로는 유럽의 도시에서 볼 수 있는 일종의 음식점을 의미하며, 파리나 빈의 것이 알려져 있다.

　2000년대부터 일본에서는 현대의 카페 붐이 일어났다. 그것은 스타벅스의 성공에 영향을 받았다고 할 수 있다.

　스타벅스는 1996년 8월 2일 도쿄 긴자에 북미 지구 이외에서는 처음으로 일본 1호점을 출점했다. 체인점이면서도 센스가 있는 메뉴·세련된 분위기·유럽풍 오픈 테라스의 병설 등으로 큰 인기를 끌었다. 당시의 찻집으로서는 드물게 점내를 전면 금연으로 하고 있던 것도 특징이며, 흡연하는 손님을 위해서 옥외의 오픈 테라스는 흡연 가능으로 하고 있다. 특히 여성층을 중심으로 인기를 얻어, 일본의 카페 붐이 진행되는 계기가 되었다.

　그 후, 외자계나 국내계 여러 기업이 앞다투어 카페 사업에 참여하고 있어, 각각 1호점을 긴자에서 개점함으로써, 긴자는 카페의 격전지가 되어 카페 붐을 전국으로 넓히는 무대가 되어 갔다.

第12課

野菜の産地がどこなのか、本当のことは知りようがありませんからね。

重要ポイント

1. 動詞の「辞書形」＋ ほかない
2. 動詞の「ます形」＋ ようがない／ようもない
3. 名詞 ＋ に対して
4. 動詞の「辞書形」・名詞「の」＋ たびに

ダイアローグ

Track 34

<週末農業>

 オー　週末は何をしましたか。

 渡辺　実は、父が週末農業に凝っていて、私もつれていかれました。

 オー　渡辺さんの家は、農家なんですか。

 渡辺　いいえ。最近、食べ物への不信感が強くなっているでしょう？ だから父が自分で作るほかないと言い出したんです。それで、週末だけ農業をしているんですよ。

 オー　そうですか。野菜の産地がどこなのか、本当のことは知りようがありませんからね。

 渡辺　父は食べ物に対しては、人一倍気を使っているんです。でも週末のたびに、1時間半も車に乗って、郊外の農場に行くのは、ちょっと嫌ですけどね。

 オー　平日は農場の管理をしなくても大丈夫なんですか。植物の成長は止めておけるものではないでしょう。

 渡辺　それは業者がしてくれるんですよ。畑を貸してくれて、管理も手伝ってくれます。

 オー　おもしろいシステムですね。でも最近の子供はどのように野菜ができるのか知らないというから、子供の教育にもよさそうですね。

 渡辺　はい。私もはじめてきゅうりがなっているのを見ましたが、何だか不思議な感じがしました。

ダイアローグを読んで次の質問に答えなさい。

1. 渡辺さんは週末に何をしましたか。

_____

2. 渡辺さんのお父さんはどうして自分で野菜を育てていますか。

_____

3. 平日はどうしますか。

_____

4. 渡辺さんは何をはじめて見ましたか。

_____

■ ダイアローグ単語

農業(のうぎょう) 농업 | 凝(こ)る 열중하다, 몰두하다, 미치다 | つれていく(くる) 데리고 가다(오다) | 農家(のうか) 농가 | 不信感(ふしん かん) 불신감 | 言(い)い出(だ)す 말을 꺼내다, 입에 올리다, 입 밖에 내다 | 産地(さんち) 산지 | 人一倍(ひといちばい) 남보다 갑절, 남보다 더 한층, 보통 이상 | 気(き)を使(つか)う 신경을 쓰다, 주의하다 | 郊外(こうがい) 교외 | 農場(のうじょう) 농장 | 管理(かんり) 관리 | 植物(しょ くぶつ) 식물 | 成長(せいちょう) 성장 | 業者(ぎょうしゃ) 업자 | 畑(はたけ) 밭 | 不思議(ふしぎ) 불가사의, 이상함, 희한함, 괴이함

文法

1. 動詞の「辞書形」＋ ほかない　~할 수밖에 없다

'그밖에 다른 方法이 없어 어쩔 수 없다'는 意味. 「~しか(手が)ない」「~ほかしかたがない」라고도 씀.

- その国の言葉が上手になるためには、実際に行って生活するほかないと思いますよ。
- この駅は見た目はすごくきれいだけど、ホームに行くためにはすごい数の階段を登るほかない。

2. 動詞の「ます形」＋ ようがない／ようもない　~할 방법이(도리가) 없다

어떤 方法을 써도 도저히 不可能하다는 意味.

- 大変な病気だったのに、こんなに短い時間で退院できたのは奇跡としか言いようがありません。
- まだ、はっきりと申し上げようがありませんが、来週からこの計画を始めたいと思います。

3. 名詞 ＋ に対して　~에 대해

行為나 態度의 対象이나 相手를 나타내는 意味.

- 私の先生は、コーヒーに対しては少しうるさい人です。
- 新しくできたビルが倒れた原因に対して、ビルを作った会社からは何の連絡もない。

4. 動詞の「辞書形」・名詞「の」＋ たびに　~할 때마다, ~할 적마다

'~하면 항상 그때에는'이라는 뜻으로 使用.

- 彼女の誕生日が来るたびに、3万円以上ものプレゼントをしないといけない。
- この場所を通るたびに「昔の彼氏との1年間は夢じゃなかったのね」と考えてしまいます。

■ 単語

実際(じっさい) 실제 | 見(み)た目(め) 겉보기, 외관 | 数(かず) 수(양) | 階段(かいだん) 계단 | 退院(たいいん) 퇴원 | 計画(けいかく) 계획 | 態度(たいど) 태도 | 対象(たいしょう) 대상 | 倒(たお)れる 쓰러지다, 무너지다 | 連絡(れんらく) 연락 | 場所(ばしょ) 장소 | 通(とお)る 지나다, 통과하다

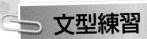

文型練習　　　Track 35

四角の中から＿＿＿＿に適当な言葉を入れて文を完成しなさい。

1. 「何故会社を辞めたのか」とよく問われるが、新しいことにチャレンジしてみたいからと言う＿＿＿＿＿＿＿＿。

2. 子供の頃、僕のおばあさんは会う＿＿＿＿＿＿＿＿、昔話をした。

3. そのような闇に閉ざされた人を助けたのは、奇跡としか言い＿＿＿＿＿＿＿＿。

4. B型＿＿＿＿＿＿＿＿は、互いに干渉しないことが関係を持続するコツです。

5. 社長がこないのなら、会議を始め＿＿＿＿＿＿＿＿ですね。

6. 私が商品を並べる＿＿＿＿＿＿＿＿、別の店員が邪魔しにくる。

7. あなたが今まで以上に幸せになりたいのなら、今の恋人と別れる＿＿＿＿＿＿＿＿です。

8. この車を作った会社＿＿＿＿＿＿＿＿、問題があるところを直すメールを早く送りましょう。

たびに	に対して	ほかない	ようがない

■ 単語 ─────────────────────

何故(なぜ) 왜, 어째서 | 辞(や)める (회사를) 그만두다 | 問(と)う 묻다 | チャレンジ 도전(challenge, 챌린지) | 昔話(むかしばなし) 옛날이야기 | 闇(やみ) 어둠, 암흑 | 閉(と)ざされる 갇히다, (길이) 막히다 | 奇跡(きせき) 기적 | B型(がた) B형 | お互(たが)い 서로 | 干渉(かんしょう) 간섭 | 関係(かんけい) 관계 | 持続(じぞく) 지속 | コツ 요령 | 商品(しょうひん) 상품 | 並(なら)べる 나열하다, 진열하다 | 邪魔(じゃま) 방해, 장애, 훼방 | 恋人(こいびと) 연인 | 別(わか)れる 헤어지다 | 直(なお)す 고치다, 바로잡다

123

練習問題

1 次の漢字の読みがなを書きなさい。

1) 農業 : _____   2) 産地 : _____   3) 人一倍 : _____
4) 郊外 : _____   5) 植物 : _____   6) 業者 : _____

2 _____に一番適当なものを一つ選びなさい。

1) だから父が自分で_____と言い出したんです。

① 作りほかない ② 作ほかない   ③ 作らしかない ④ 作るほかない

2) 本当のことは_____ありませんからね。

① 知るようが   ② 知りようが   ③ 分かるようが ④ 知ってようが

3) 父は食べ物_____、人一倍気を使っているんです。

① もついては   ② については   ③ に対しては   ④ を対しては

4) でも週末_____、1時間半も車に乗って、郊外の農場に行くのは、ちょっと
嫌ですけどね。

① のたびに   ② たびに   ③ がたびに   ④ たびたび

3 次の韓国語を日本語に直しなさい。

1) 실은, 아버지가 주말 농사에 빠져서 나도 데리고 갔습니다.

_____。

2) 최근에 음식에 대한 불신감이 강해지고 있죠?

_____。

3) 아이 교육에도 좋은 것 같네요.

_____。

ヒアリング・リーディング練習

★ よく聞いて、空欄に入る言葉を入れなさい。 Track 36

週末農業

　あなたは休みの ①＿＿＿＿　何をしますか。日本では、食の安全や身近な自然への関心が高まり、週末だけ ②＿＿＿＿＿＿　を楽しむ人が増えてきました。農業 ③＿＿＿＿　かなり ④＿＿＿＿＿＿　を持っている人もいると思いますが、週末農業を心の底から楽しんで、おいしい自家製野菜に恵まれて生活している人もたくさんいます。これから週末農業を ⑤＿＿＿＿　する人は、まずは、ご自宅で始めてみるのはいかがですか。「庭やベランダでする週末農業」や「室内でする週末農業」など ⑥＿＿＿＿　に楽しめることから始めるのはどうでしょうか。これなら、都会に ⑦＿＿＿＿＿＿　も農業を楽しむことも可能だし、その上、家族の健康も ⑧＿＿＿＿＿＿　できるのです。

上の文をよく聞いて次の質問に答えなさい。

1) 日本ではどんなことに関心が高まったと言っていますか。

＿＿＿＿＿＿＿＿＿＿＿＿＿＿＿＿＿＿＿＿＿＿＿＿＿

2) 日本ではどんな人が増えてきていますか。

＿＿＿＿＿＿＿＿＿＿＿＿＿＿＿＿＿＿＿＿＿＿＿＿＿

3) 週末農業をすることが初めての人はどんなことから始めたら良いですか。

＿＿＿＿＿＿＿＿＿＿＿＿＿＿＿＿＿＿＿＿＿＿＿＿＿

■ 手ダスケ単語

安全(あんぜん) 안전 | 身近(みぢか)だ 가깝다, 또는 관계가 깊다 | 関心(かんしん) 관심 | 畑仕事(はたけしごと) 밭일 | 心(こころ)の底(そこ) 마음속 | 自家製(じかせい) 집에서 만든 제품 | 恵(めぐ)まれる 혜택을 입다, 풍부하다 | 庭(にわ) 마당 | 室内(しつない) 실내 | 無理(むり)する 무리하다 | 都会(とかい) 도시

125

応用会話

1. あなたの家で何か（野菜など）作っていますか。

2. 農業をしたことがありますか。

3. あなたの国では畑仕事をする人は多いですか。

4. もし野菜を作るとしたら、何の野菜を作りたいですか。

5. 農業の仕事をどう思いますか。

6. 自家製の野菜をどう思いますか。

7. 自給自足をどう思いますか。

8. 週末農業をしようと思いますか。

9. 食べ物に対して何かこだわりがありますか。

10. 農業の楽しみ方を考えてみましょう。

会話のキーワード

- 肥料 ：비료
- 稲 ：벼
- 雑穀 ：잡곡
- 麦農業 ：보리농사
- 家庭にあるもので代用する ：집에 있는 것으로 대신(대용)하다
- なす ：가지
- かぼちゃ ：호박
- きゅうり ：오이
- 白菜 ：배추

- 農薬中毒 ：농약 중독
- 稲作 ：벼농사
- 麦ご飯・麦飯 ：보리밥
- 環境保全型農業 ：친환경 농업
- 大根 ：무
- トマト ：토마토
- にんじん ：당근
- 山菜 ：산나물

✽ 週末農業

　일반적으로 농업이라고 하면 '나이든 사람'의 일이라는 이미지가 있다. 그러나 근래에는 도시 근교의 20대~50대 사람의 취농율이 높아지고 있고, 젊은층이 농지 분양을 신청하는 케이스도 증가하고 있다.

　농업을 시작하고 싶다, 도시에 살면서 농업도 해 보고 싶다, 이런 바람을 가지고 처음에는 주말 하루 농업부터 시작하는 것이다.

　옛날과 달리 농업 라이프 스타일도 크게 바뀌어, 24시간 365일 바쁜 것은 없다. 야채가 자라는 스피드는 매우 느려, 주말 하루로 야채 재배 정도는 누구라도 부담없이 할 수 있다. 농업은 현재는 매우 보람이 있고 즐거운 일이 되고 있다.

　그래서 먼저 농지 확보가 필요한데, 도시에서는 취득이 어렵고, 또 유지비가 많이 든다.

　그래서 추천하는 것이 '시민 농원'이다.

　각 시, 구, 동, 마을 단위로, 거주자(일부에서는 비거주자도 가능)를 대상으로 1년에 1~2회 모집을 하고 있다. 요금도 '연간 1구획당 무료 ~ 1만 엔'으로 비교적 적당하다. 농업 체험은 자택 근처에서 자세하게 성장을 관찰할 수 있는 것도 즐거움 중의 하나이다. 또, 시민 농원에는 체류형 시설도 있어, 여가에 농업 체험을 하면서 교외 시설에서 보낼 수도 있다.

第13課

そのまま放っておくと、
大きな病気になりかねないですよ。

重要ポイント

1. 動詞の「た」・形容詞の「辞書形」＋ ばかりに
2. 動詞・形容詞の「仮定形」＋ ば ＋ 動詞・形容詞の「辞書形」＋ ほど
3. 動詞の「辞書形・否定形」＋ まい
4. 動詞の「ます形」＋ かねない

ダイアローグ

Track 37

<マッサージ>

鈴木 今日、マッサージに行こうと思っているんですけど……。チョンさんも最近疲れがたまっているんじゃないですか。私も人のことは言えませんが、目の下のクマが濃くなってきましたよ。

チョン そうですね。この難しい企画を引き受けてしまったばっかりに、コンピュータの前に毎日10時間以上も座っていますからね。

鈴木 こういうときは「いやし」が必要ですよ。体が疲れれば疲れるほど、仕事の能率も悪くなります。

チョン 確かにそうですよね。でも、ここで帰って寝てしまったら企画の締め切りにおくれまいかと気になってしまって、結局終電まで残業してしまうんです。

鈴木 そのまま放っておくと、大きな病気になりかねないですよ。「後悔先に立たず」と言うじゃありませんか。

チョン そうですよね。最近、肩が痛くて、眠りも浅い気がします。眠れないので、仕事の処理速度も遅くなるという悪循環に陥っています。でも、マッサージですか。したことがないので、何だか緊張しますね。

鈴木 いやされに行くのに、緊張してどうするんですか！

チョン そうですね。じゃ、せっかくの鈴木さんのお誘いですから、初めてのマッサージにチャレンジしてみます！

ダイアローグを読んで次の質問に答えなさい。

1. チョンさんは、どうしていそがしいですか。

_____

2. 鈴木さんはチョンさんを何に誘いましたか。

_____

3. チョンさんはどうして残業をしますか。

_____

4. チョンさんはどうして眠りが浅いですか。

_____

■ ダイアローグ単語

マッサージ 마사지, massage | たまる 쌓이다 | 目(め)の下(した)のクマ 다크 서클(dark circle, 눈 아랫부분이 거무스름해지는 증세) | 濃(こ)い 진하다, 짙다 | 企画(きかく) 기획 | 引(ひ)き受(う)ける (일을) 떠맡다 | いやし 고통, 고민, 긴장 등을 완화하거나 낫게 함 | 能率(のうりつ) 능률 | 確(たし)かに 확실히, 틀림없이 | 締(し)め切(き)り 마감 | 結局(けっきょく) 결국 | 終電(しゅうでん) 마지막 전철(막차) | 残業(ざんぎょう) 잔업 | 放(ほう)っておく 방치해 두다 | 後悔先(こうかいさき)に立(た)たず 나중에 후회해도 일을 되돌릴 수는 없다. 사후약방문(死後藥方文) | 眠(ねむ)りが浅(あさ)い 선잠을 자다 | 処理(しょり) 처리 | 速度(そくど) 속도 | 悪循環(あくじゅんかん) 악순환 | 陥(おちい)る 빠지다 | せっかく 모처럼 | 誘(さそ)い 권유 | チャレンジ 도전(challenge)

文法

1. 動詞の「た形」・形容詞の「辞書形」＋ ばかりに　〜한 탓에

原因の 意味. 뒤 文章에는 나쁜 일이 생겼다는 内容이 이어진다. 회화체에서는 흔히 ばっかりに라고 한다.

- 家の後ろにカラオケができたばかりに、毎晩夜遅くまでうるさいです。
- ひとつ道を間違えたばっかりに、コンサートに1時間も遅れてしまった。

2. 動詞・形容詞の「仮定形」＋ ば ＋ 動詞・形容詞の「辞書形」＋ ほど 〜하면 〜할수록

하나의 일이 進行하는 것에 비례해 다른 일도 進行한다는 意味.

- はしは、使えば使うほどフォークよりもとても便利な道具だと分かりました。
- 年をとればとるほど人生は楽しくなる。

3. 動詞の「辞書形・否定形」＋ まい　〜하지 않겠다, 〜하지 않을 것이다

否定的인 意志나 推測을 나타낸다. 「〜しない」「〜ないだろう」의 意味.

- 寝不足で二度とするまいと心に誓ったはずのことを繰り返しちゃった。
- 元気な若者にはまだわかるまいが、やっぱり健康は大事ですよ。

4. 動詞の「ます形」＋ かねない　〜할지 모른다, 〜할 우려가 있다

나쁜 結果가 될 可能性이나 危険性이 있다는 意味.

- 旅行する前にきちんと調べておかないと、面白くない旅行になりかねないから準備はしっかりしたほうがいい。
- 初めて会う人と話すときには注意しないと、自分のことを悪く言われかねないですよ。

■ 単語

文章(ぶんしょう) 문장 | 内容(ないよう) 내용 | 進行(しんこう) 진행 | 意志(いし) 의지 | 推測(すいそく) 추측 | 寝不足(ねぶそく) 잠이 모자람, 수면부족 | 誓(ちか)う 맹세하다 | 繰(く)り返(かえ)す 되풀이하다, 반복하다 | 危険(きけん) 위험 | きちんと 정확히

四角の中から_____に適当な言葉を入れて文を完成しなさい。

1. 高級レストランにとっては、携帯電話の呼び出し音は、せっかくの雰囲気を台無しにし_____。

2. 残念ですが、二度とこのお店では日替わり定食を食べる_____と思いました。

3. 某ブランドの時計を買いに行ったのですが、他の時計屋に入った_____他のものを買ってしまった。

4. 何も考えないで約束をすればする_____、忙しくて自分のことが何もできなくなりますよ。

5. クォンさんは、ロトがあたった_____、その後の人生はあまりいいものではなくなってしまったそうです。

6. 彼女の美しさを言い表すのにこれほどふさわしい言葉は他にはある_____。

7. 住めば住む_____、知人が増えて、よくその知人に町の中で会う。

8. 部長は、無理なことを言い_____人だから、一緒に仕事をしたくない。

まい　　　かねない　　　ほど　　　ばかりに

■ 単語

高級(こうきゅう) 고급 | 呼(よ)び出(だ)し音(おん) 호출 소리 | 台無(だいな)し 쓸모없는 모양, 엉망이 된 모양 | 日替(ひが)わり 매일 바뀜 | 定食(ていしょく) 정식 | 某(ぼう)ブランド 모 브랜드(brand) | ロト 로또(복권) | あたる 맞다, 당첨되다 | 言(い)い表(あらわ)す 표현하다(말로 나타내다) | ふさわしい 어울리다, 걸맞다, 적합하다 | 言葉(ことば) 말 | 知人(ちじん) 지인 | 無理(むり) 무리

1 次の漢字の読みがなを書きなさい。

1) 引き受ける : _____
2) 企画 : _____
3) 能率 : _____
4) 処理 : _____
5) 悪循環 : _____
6) 陥る : _____

2 _____に一番適当なものを一つ選びなさい。

1) この企画を引き受けて_____、コンピュータの前に10時間以上も座っています。

① しまうばっかりに
② しまったばっかりに
③ しまうくらいに
④ しまったくらいに

2) 体が_____、仕事の能率も悪くなります。

① 疲れるば疲れないほど
② 疲れれば疲ればかりに
③ 疲れれば疲れるほど
④ 疲れるば疲れるばかりに

3) そのまま放っておくと、大きな病気に_____ですよ。

① なるかねまい　② なりがねない ③ なりかねない ④ なるがねまい

4) でも、ここで帰って寝てしまったら企画の締め切りに_____かと気になってしまいました。

① おくれまい
② おくれるまい
③ おくれぬかねない
④ おくれなかねない

3 次の韓国語を日本語に直しなさい。

1) 컴퓨터 앞에 매일 10시간 이상이나 앉아 있으니까요.

_____。

2) 결국 막차 시간까지 잔업을 하고 마는 겁니다.

_____。

3) 긴장을 풀러 가는데, 긴장해서 어떻게 합니까!

_____。

ヒアリング・リーディング練習　★よく聞いて、空欄に入る言葉を入れなさい。 Track 39

マッサージ

　日々の疲れを少しでも　①　　　　　　　　　　と思いませんか。現在、マッサージは医療だけではなく、様々な健康増進目的で　②　　　　　　　　　なってきました。マッサージを　③　　　　　　　　　、どんどん効果が出てくるはずです。マッサージをして　④　　　　　　　後は、身も心も　⑤　　　　　　　するでしょう。また、いやしを求めて行くだけではなく、肩こり、腰痛などの症状がある場合、自己判断はより病状を複雑にし　⑥　　　　ので、マッサージをしてもらうときには必ず相談をすることも　⑦　　　しましょう。マッサージには色々な種類があるので、自分の目的にあったものをして　⑧　　　　　一番良いと思われます。

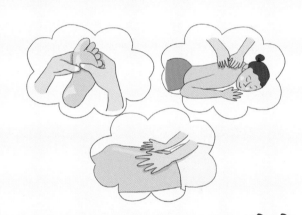

上の文をよく聞いて次の質問に答えなさい。

1) マッサージはどのような目的で行われますか。

_____

2) マッサージをすることでどのような効果がありますか。

_____

3) 何か症状があるときは、どうした方が良いと言っていますか。

■ 手ダスケ単語 ────────────────────────────────

和(やわ)らげる 완화하다 | 医療(いりょう) 의료 | 健康増進(けんこうぞうしん) 건강증진 | 効果(こうか) 효과 | 積(つ)み重(かさ)なる 겹쳐지다 | ほぐす 풀다 | いやしを求(もと)めて行(い)く 치유하러 가다 | 肩(かた)こり 어깨 결림, 오십견 | 腰痛(ようつう) 허리의 통증 | 症状(しょうじょう) 증상 | 場合(ばあい) 경우 | 自己判断(じこはんだん) 자기 판단 | 病状(びょうじょう) 병의 증상 | 複雑(ふくざつ) 복잡

1. マッサージに行ったことがありますか。

2. マッサージをしてもらってどうでしたか。

3. どんな時、マッサージに行きたいと思いますか。

4. あなたの国ではマッサージは人気がありますか。

5. マッサージには色々な種類(しゅるい)がありますが、どんなマッサージがいいですか。

6. マッサージをして良かったことや悪かったことがありますか。

7. マッサージにはどんな効果(こうか)があると思いますか。

8. マッサージが人気な理由は何だと思いますか。

9. あなたは疲れたとき何をしますか。

10. マッサージについて好きなことを話してみましょう。

会話のキーワード

マッサージの種類(しゅるい)

・足つぼマッサージ：발 마사지

・クイックマッサージ：단시간 마사지(퀵, 빠름, quick)

・スポーツマッサージ：스포츠 마사지(운동 마사지, sports)

・エステマッサージ：전신미용 마사지(에스테틱, esthetique)

・アロママッサージ：아로마 마사지(방향 요법을 병용, aromatherapy)

日本文化

* マッサージ

　마사지에는 림프액 · 정맥 순환을 촉진하는 효과가 있다. 현재, 의료뿐 아니라 미용이나 건강증진 목적으로 시행하고 있다. 운동 전후에 근육을 풀기 위해 마사지를 하는 경우도 많다.

　일본에서는 원래 '안마'가 이용되어 왔지만, 메이지 시대에 군의관이 프랑스 마사지를 시찰 · 연구하여 그 후 일본에 마사지가 의료법의 하나로서 도입되었다.

　마사지의 종류에는 다음과 같은 것이 있다.

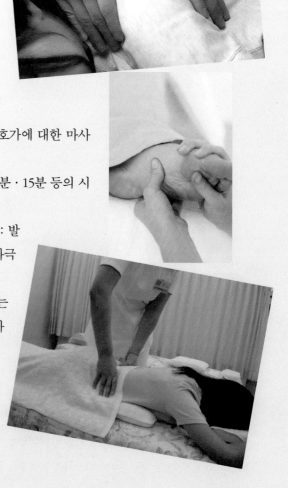

- **스포츠 마사지** : 스포츠 선수 또는 스포츠 애호가에 대한 마사지.
- **퀵 마사지** : 단시간에 효과를 주는 마사지. 10분 · 15분 등의 시술 시간이 주류.
- **발 수혈 마사지**(반사요법; 발바닥 반사 요법) : 발바닥의 수혈(혹은 신체 각 부위의 반사구)을 자극하는 마사지.
- **에스테틱 마사지** : 주로 에스테틱에 수반되는 마사지. 에스테틱점에 근무하는 마사지 지압사가 시술한다.
- **아로마 마사지** : 에스테틱 마사지의 서비스 코스로, 아로마테라피를 겸한 마사지.
- **페이스마사지** : 에스테틱 마사지의 서비스 코스 중 하나로 얼굴을 중심으로 시술한다.

第14課

指だけを使うゲームに限らず、体を使うゲームもします。

重要ポイント

1. 名詞 ＋ に反して
2. 動詞の「辞書形」・名詞 ＋ につれ(て)
3. 名詞 ＋ に限らず
4. 動詞の「辞書形」・名詞「の」 ＋ あまり(に)

Track 40

<ゲームセンター>

クォン その人形、どうしたんですか。高橋さんって見た目に反して、意外に少女趣味なんですね。

高橋 え？これですか。実はさっきオーさんとゲーセンに行ってきたんです。それで、ユーフォーキャッチャーで取ったんですよ。この人形はクォンさんにプレゼントします。

クォン わあ！ありがとうございます。ゲーセンって、ゲームセンターのことですか。おもしろそうですね。

高橋 最近よく行くんですが、行くにつれ二人ともゲームの腕が上がってきて、また行きたくなってしまうんですよ。

クォン どんなゲームをするんですか。

高橋 主に格闘系のゲームです。でも、何でもしますよ。指だけを使うゲームに限らず、体を使うゲームもします。

クォン 体を使うゲームですか。踊ったりするんですか。

高橋 踊るゲームもあるし、太鼓をたたいたり、銃を撃ったりもします。太鼓のゲームは女性にも人気がありますよ。クォンさんも今度いっしょにどうですか。

クォン 太鼓ですか。私はすごい力持ちなんですが、力が入りすぎるあまりゲームは得意じゃないんです。

高橋 そうですか。でも、力いっぱい太鼓をたたく姿をぜひ見てみたいですね。人だかりができるかもしれませんよ。

ダイアローグを読んで次の質問に答えなさい。

1. 高橋さんはどうして人形を持っていましたか。

_____

2. 高橋さんは誰といっしょにゲームセンターに行きましたか。

_____

3. 高橋さんはどんなゲームをしますか。

_____

4. 高橋さんはクォンさんにどんなゲームを勧めましたか。

_____

 ■ ダイアローグ単語

人形(にんぎょう) 인형 | 見(み)た目(め) 겉보기, 외관 | 意外(いがい) 의외 | 少女(しょうじょ) 소녀 | ユーフォーキャッチャー 인형 뽑기 기계(유에프오 캐쳐, UFO Catcher) | ゲームセンター 게임 센터(Game+Center), 오락실 | 腕(うで)が上(あ)がる 솜씨가(기술이) 늘다 | 主(おも)に 주로 | 格闘(かくとう) 격투 | 指(ゆび) 손가락 | 踊(おど)る 춤추다 | 太鼓(たいこ) 북 | 叩(たた)く 두드리다, 때리다, 치다 | 銃 (じゅう) 총 | 撃(う)つ 치다, (총을) 쏘다 | 女性(じょせい) 여성 | すごい 굉장하다, 대단하다 | 力持(ちからも)ち 힘이 셈, 또는 힘센 사람 | 得 意(とくい) 자신이 있음, 숙달되어 있음 | 力(ちから)いっぱい 힘껏 | 姿(すがた) 모습 | 人(ひと)だかり 인산인해, 많은 사람이 모임, 또는 그 군중

文法

1. 名詞 + に反して　〜에 반해, 〜와 달리

結果が期待や予想とは異なる事を表す時使用.

- この町を初めて訪れる観光客が増えているのに反して、2回以上訪れる観光客は減ってきている。
- 親の期待に反して、いつも息子はその期待を裏切ってくれる。

2. 動詞の「辞書形」・名詞 + につれ(て)　〜함에 따라(서)

어떤 事態가 進展되는 것에 비례해서 다른 事態도 進展됨을 나타낸다.

- 今年は、暖かくなるにつれ雨の降る日が多いでしょう。
- 時代が変わるにつれ、医学が大変進歩し長生きする人が増えてきました。

3. 名詞 + に限らず　〜만이 아니라

'〜뿐만 아니라 그밖에 다른 것도'라는 意味.

- 兄は、ケーキやチョコレートに限らず甘い食べ物なら全部大好きです。
- パソコンはインターネットで何かを調べるのに限らず、ドラマを見たりすることもできて大変便利です。

4. 動詞の「辞書形」・名詞「の」 + あまり(に)　너무 〜해서, 〜한 나머지

感情이나 状態를 나타내는 名詞와 動詞에 붙어서 程度가 極端적인 것을 나타내며, 그 때문에 일어난 좋지 않은 結果를 말한다.

- 弟は毎日彼女に何時間も電話をかけるあまり、毎月何万円も電話代を払っているんです。
- 私が家を留守にしている間、娘は寂しさのあまり、私を探しにでかけたそうだ。

■ 単語 ────────────────────────────────

期待(きたい) 기대 | 予想(よそう) 예상 | 訪(おとず)れる 방문하다 | 観光客(かんこうきゃく) 관광객 | 減(へ)る 줄다 | 裏切(うらぎ)る 배신하다, 배반하다 | 進展(しんてん) 진전 | 事態(じたい) 사태 | 時代(じだい) 시대 | 医学(いがく) 의학 | 大変(たいへん) 큰일임, 대단함 | 進歩(しんぽ) 진보 | 長生(ながい)き 장수 | 極端(きょくたん) 극단적임 | 留守(るす) (외출하여) 집에 없음, 집을 비움 | でかける 나가(오)다, 외출하다

142

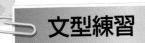

文型練習　Track 41

四角の中から＿＿＿＿に適当な言葉を入れて文を完成しなさい。

1. 好きなものをたくさん食べたいという気持ちに＿＿＿＿＿＿＿＿、無理する必要はないと思うよ。

2. イケメンという言葉を安易に使う＿＿＿＿＿＿＿＿、本当に美しくないものにまで、イケメンという言葉を当てはめてしまう。

3. 時が流れ、テレビが安くなるに＿＿＿＿＿＿＿＿、それは一家で見るものになった。

4. お値段が手頃だったこともあり大きな期待はしていませんでしたが、その予想に＿＿＿＿＿＿＿＿大満足でした。

5. 佐藤さんの趣味は音楽を聴くことに＿＿＿＿＿＿＿＿、映画を見ることや旅行することなどたくさんあります。

6. 姉は、年をとるに＿＿＿＿＿＿＿話す内容が増えているが、ぜんぜん面白くない。

7. 私の先生はコーヒーが大好きで、飲みすぎる＿＿＿＿＿＿＿＿夜よく眠れないと話していました。

8. 日本も北海道に＿＿＿＿＿＿＿＿、寒い地方では暖をとるために暖房器具を使用します。

反して　　　　つれ　　　　限らず　　　　あまり

■ 単語 ━━

イケメン 용모가 아름다운 남자, 근사한 남자 | **安易**(あんい) 손쉬움, 진지하지 않고 적당히 대처하려는 태도 | **当**(あ)**てはめる** 맞추다, 적용하다 | **時**(とき)**の流**(なが)**れ** 시대의 변천, 시간의 흐름 | **一家**(いっか) 일가, 한집, 한 가족 | **値段**(ねだん) 가격 | **手頃**(てごろ) 적합함, 걸맞음, 어울림 | **期待**(きたい) 기대 | **予想**(よそう) 예상 | **年**(とし)**をとる** 나이를 먹다, 늙다 | **地方**(ちほう) 지방 | **暖**(だん)**をとる** 몸을 녹이다 | **暖房器具**(だんぼうきぐ) 난방기구

練習問題

1 次の漢字の読みがなを書きなさい。

1) 少女　　:＿＿＿＿＿＿

2) 腕が上がる :＿＿＿＿＿＿

3) 格闘　　:＿＿＿＿＿＿

4) 太鼓　　　:＿＿＿＿＿＿

5) 銃　　　:＿＿＿＿＿＿

6) 姿　　　　:＿＿＿＿＿＿

2 ＿＿＿＿に一番適当なものを一つ選びなさい。

1) 高橋さんって見た＿＿＿＿、意外に少女趣味なんですね。

① 目につれて　　② 目のつれて　③ 目に反して　④ 目も反して

2) 最近よく行くんですが、＿＿＿＿二人ともゲームの腕が上がってきますね。

① いきに限らず　　　　　② いくのに限らず
③ いかにつれ　　　　　④ いくにつれ

3) 指だけを使うゲーム＿＿＿＿、体を使うゲームもします。

① のあまり　　　② なあまり　　③ にかぎらず　④ かぎらず

4) 力が＿＿＿＿ゲームは得意じゃないんです。

① 入りすぎに反して　　　② 入るすぎるあまり
③ 入るすぎに反して　　　④ 入りすぎるあまり

3 次の韓国語を日本語に直しなさい。

1) 의외로 소녀취향이네요.

＿＿＿＿＿＿＿＿＿＿＿＿＿＿＿＿＿＿＿＿＿＿＿＿＿。

2) 춤추는 게임도 있고, 북을 치거나 총을 쏘기도 합니다.

＿＿＿＿＿＿＿＿＿＿＿＿＿＿＿＿＿＿＿＿＿＿＿＿＿。

3) 인산인해를 이룰지도 몰라요.

＿＿＿＿＿＿＿＿＿＿＿＿＿＿＿＿＿＿＿＿＿＿＿＿＿。

ヒアリング・リーディング練習

★ よく聞いて、空欄に入る言葉を入れなさい。 Track 42

ゲームセンター

　ゲームセンターにはどんな ①＿＿＿＿＿ があると思いますか。ＵＦＯキャッチャー、②＿＿＿＿＿、音楽ゲーム、レースゲーム、③＿＿＿＿＿ などいろいろあります。ゲームが嫌いな人も一度行ってみると、④＿＿＿＿＿ おもしろいかもしれませんよ。今ではゲームセンター ⑤＿＿＿＿＿、家でもゲームができる時代になりましたが、⑥＿＿＿＿＿、ゲームセンターでするゲームが最高でしょう。また、雰囲気だけでも ⑦＿＿＿＿＿ ようなゲームセンターがあったら、男女関係なく ⑧＿＿＿＿＿ こともできるでしょう。

上の文をよく聞いて次の質問に答えなさい。

1) ゲームセンターにはどんなゲーム機がありますか。

＿＿＿＿＿＿＿＿＿＿＿＿＿＿＿＿＿＿＿＿＿＿＿

2) ゲームはどこでできますか。

＿＿＿＿＿＿＿＿＿＿＿＿＿＿＿＿＿＿＿＿＿＿＿

3) どのようなゲームセンターが楽しめますか。

＿＿＿＿＿＿＿＿＿＿＿＿＿＿＿＿＿＿＿＿＿＿＿

■ 手ダスケ単語

ゲーム機(き) 게임기 | 格闘(かくとう) 격투 | 最高(さいこう) 최고 | 気楽(きらく)だ 마음이 편하다 | 男女(だんじょ) 남녀

応用会話

1. あなたはゲームをしますか。(好き or 嫌い)

2. ゲームセンターに行ったことがありますか。

3. どんなゲームが好きですか。

4. 最近、人気のゲームを知っていますか。

5. 男性（だんせい）に人気のゲーム、または女性（じょせい）が好きなゲームはどんなものだと思いますか。

6. あなたの国で一番人気のゲームは何ですか。

7. ゲーム1回あたりいくらかかりますか。

8. 今までゲームセンターに行った中で一番おもしろかったゲームは何ですか。

9. ゲームセンターと聞くと何が思い浮かびますか。

10. ゲームセンター、または、ゲームについて自由に話しましょう。

会話のキーワード

下の単語を使って話してみよう。

- ゲーセン：「ゲームセンター」の略
- ゲーマー：ゲームを趣味とする愛好家たちの呼称　게이머. 게임을 취미로 하는 애호가들의 호칭
- 対戦ゲーム：대전 게임
- アクションゲーム：액션 게임
- シューティングゲーム：슈팅 게임
- アドベンチャーゲーム：어드벤처 게임
- 思い浮かぶ：생각나다
- パズルゲーム：퍼즐 게임

日本文化

＊ ゲームセンター

'게임센터(game center)'라는 호칭은 일본식 영어로, 이전부터 관용적으로 사용되고 있지만, 일본 업계에서는 이 호칭을 '어뮤즈먼트 시설'이라고 부르기도 한다. 영어로는 amusement arcade, game arcade, video arcade 등이라고 하며 줄여서 '게센'이라고도 한다.

기계 본체는 한 게임마다 요금을 넣는 것이 일반적이다. 금액은 지역, 점포, 게임의 종류 등에 따라 차이가 있는데, 일반적으로는 10엔~500엔 정도이다. 게임기에 직접 동전을 투입하는 경우가 대부분이지만, 사전에 코인 교환기에서 코인으로 바꾸고, 그 코인을 사용하는 코인 게임이나 선불 카드, 전자화폐를 이용하는 경우도 있다.

이런 어뮤즈먼트 기기들을 설치한 시설의 운영은 퇴폐영업방지법에 의해 행해지고 있기 때문에, 전국 공통으로 18세 미만은 22시 이후 출입을 금지하고 있다. 그것과 동시에 각 도도부현 조례에 의해 16세 미만 또는 18세 미만의 출입 제한 시간을 별도로 설정해 두고 있다(17시까지, 18시까지, 19시까지, 20시까지, 일몰까지 식으로 나누어져 있다). 지폐를 투입할 수 있는 게임기를 제조 및 설치하는 것은 위법이기 때문에, 지폐를 직접 사용할 수 있는 게임기는 일본 국내에는 존재하지 않는다.

第 15 課

新しいスーツを買おうと思っていたものの、高くて手が出なかったんです。

重要ポイント

1. 動詞・形容詞の「辞書形」＋ ものの
2. 動詞の「辞書形」＋ べき
3. 動詞・形容詞の「辞書形」＋ にしても…にしても
4. 動詞・形容詞の「辞書形」・名詞 ＋ にしろ…にしろ

ダイアローグ

Track 43

<ショッピング>

 鈴木 ミンさん、今度の日曜日がバーゲンの初日なんですけど、いっしょに行きませんか。

 ミン そろそろ新しいスーツを買おうと思っていたものの、高くて手が出なかったんです。

 鈴木 それなら、絶対にバーゲンの初日に行くべきですよ。いい物は初日に出てしまいますからね。

 ミン 鈴木さんは、カフェのことにしても、今回のバーゲンのことにしても、情報が早いですね。OLの鏡ですよ。

 鈴木 ただ雑誌を読むのが好きなだけですよ。そして、新しいものやお得なものに目がないんです。

 ミン そうですか。ところで、鈴木さんも何かバーゲンで買いたいものがあるんですか。

 鈴木 特に決まってはいないんです。でも、買うにしろ、買わないにしろ、とにかくバーゲンの初日は行かないと気がすまなくて……。

 ミン ウィンドウショッピングもいいものですよね。流行のファッションもわかるし、きれいな服を見ていると楽しいですしね。

 **鈴木** 特にバーゲンには掘り出し物がありますから。そういうお得な商品を探すのも、一つの楽しみです。

ダイアローグを読んで次の質問に答えなさい。

1. 日曜日はどんな日ですか。

_____

2. ミンさんは何を買いたいですか。

_____

3. 鈴木さんはいろいろな情報をどこから得ていますか。

_____

4. 鈴木さんはバーゲンのどんなところが楽しいと言っていますか。

_____

■ ダイアローグ単語

バーゲン 바겐세일(バーゲンセール의 준말) | 初日(しょにち) 첫날 | そろそろ 슬슬 | スーツ 양복(suit) | 手(て)が出(で)ない 살 엄두가 나지 않다(어떻게 손을 쓸 수가 없다) | 情報(じょうほう) 정보 | OLの鏡(かがみ) 여사무원의 모범(모델) | ただ 단지, 단 | 目(め)が ない 사족을 못 쓴다(매우 좋아하다), 안목이 없다 | ところで 그런데, 그건 그렇고 | 気(き)がすむ 마음이 홀가분해지다, 만족해지다 | ウィンドウショッピング 윈도우 쇼핑(window-shopping), 아이쇼핑 | 流行(りゅうこう) 유행 | ファッション 패션(fashion) | 掘(ほ)り出(だ) し物(もの) 우연히 얻게 된 진귀한 물건, 뜻밖에 싸게 사는 물건 | そういう 그러한, 그와 같은 | 商品(しょうひん) 상품 | 服(ふく) 옷

文法

1. 動詞・形容詞 + ものの 〜하지만

過去の事件과 現在의 状況을 말해서「だが, しかし」란 意味로 使用. 뒤에는 予想한 일이 일어나지 않는 内容이 온다.

- メール交換を始めたものの、文章力がないので、何を書けばいいのかわかりません。
- ずっと欲しかったブラウスを買ったものの、急に寒くなってきてあまり着ないまま冬になってしまいそう。

2. 動詞の「辞書形」 + べき 〜해야 함

'하는 것이 当然하다'라는 意味. 忠告, 勧誘, 禁止, 命令 등을 나타낸다.

- 最近は小学生まで塾に通っているが、子供は自由に遊ばせるべきだ。
- 医者は患者のすべてを受け入れるべきだ、優しく接するべきだ。

3. 動詞・形容詞の「辞書形」 + にしても…にしても 〜도 〜도

같은 種類나 対立하는 것 두 가지를 들어 '어느 쪽이나, 어떤 경우라도'란 意味를 나타낸다.

- 中田にしても山崎にしても、この仕事には向いていない。
- やるにしてもやらないにしても、よく考えてから決めなさい。

4. 動詞・形容詞・名詞の「辞書形」 + にしろ…にしろ 〜든 〜든

두 가지를 예로 들어 説明할 때 使用.

- 大学に行くにしろ、留学するにしろ、この成績では絶対無理ですね。
- 妻にしろ子供達にしろ、彼を理解しようとする者はいない。

■ 単語

過去(かこ) 과거 | 事件(じけん) 사건 | 現在(げんざい) 현재 | 状況(じょうきょう) 상황 | 交換(こうかん) 교환 | 文章(ぶんしょう) 문장 | ずっと 오랫동안, 쭉 | 急(きゅう)に 갑자기 | 当然(とうぜん) 당연 | 忠告(ちゅうこく) 충고 | 勧誘(かんゆう) 권유 | 禁止(きんし) 금지 | 最近(さいきん) 최근(요즘) | 塾(じゅく) (입시)학원 | 患者(かんじゃ) 환자 | 接(せっ)する 접하다 | 種類(しゅるい) 종류 | 対立(たいりつ) 대립 | 向(む)かう 향하다 | 決(き)める 결정하다 | 成績(せいせき) 성적 | 理解(りかい) 이해

四角の中から_____に適当な言葉を入れて文を完成しなさい。

1. 彼が学校に行ったにしても行かなかった_____、私には関係ない。

2. 会社の電話で私用の電話をする_____ではないね。

3. 曲を作る_____本を書く_____物を作り出すときはすごいストレスがたまるらしい。

4. 最初は、課題は自宅のパソコンではなく大学のパソコンでやる_____だと思いました。

5. ひたすら勉強する_____、クラブ活動に打ち込む_____、君の勝手だ。

6. 犬_____猫_____マンションではペットを飼ってはいけない。

7. 多数が現在の状況には満足している_____、将来に不安を抱いていることが分かった。

8. 彼はお金と権力はある_____、独り暮らしでいつも寂しがっている。

| ものの | べき | にしても | にしろ |

■ 単語

関係(かんけい) 관계 | 私用(しよう) 사적인 볼일, 자기 일에 씀 | 物(もの) 물건, 물품(것) | 作(つく)り出(だ)す 만들어 내다 | ストレス 스트레스(Stress) | たまる 쌓이다 | 課題(かだい) 과제 | 自宅(じたく) 자택 | ひたすら 오로지 | クラブ活動(かつどう) 클럽 활동(서클, 동아리 활동) | 打(う)ち込(こ)む 열중하다, 전념하다 | 君(きみ) 자네, 그대, 군 | 勝手(かって)だ 자기 좋을 대로 하다 | マンション 맨션(Mansion), 아파트 | ペット 애완동물 | 飼(か)う 기르다 | 現在(げんざい) 현재 | 状況(じょうきょう) 상황 | 将来(しょうらい) 장래 | 不安(ふあん) 불안 | 抱(いだ)く 안다, (마음속에) 품다 | 権力(けんりょく) 권력 | 独(ひと)り暮(ぐ)らし 독신 생활 | 寂(さび)しい 외롭다

153

1 次の漢字の読みがなを書きなさい。

1) 初日 ：_____ 2) 手が出ない ：_____

3) 情報 ：_____ 4) 鏡 ：_____

5) 流行 ：_____ 6) 掘り出し物 ：_____

2 _____に一番適当なものを一つ選びなさい。

1) そろそろ新しいスーツを買おうと思って_____、高くて手が出なかったんです。

　① いったものの　② いるにしろ　③ いたものの　④　いくものの

2) カフェのこと_____、今回のバーゲンのこと____、情報が早いですね。

　① のものの　　② にものの　　③ にして　　④ にしても

3) それなら、絶対にバーゲンの初日に_____ですよ。

　① 行きべき　　② 行くべき　　③ 行くのして　④ 行こうして

4) でも、買う_____、買わない_____、とにかくバーゲンの初日は行かないと気が
すまなくて……。

　① のべき　　　② がべき　　　③ をしろ　　　④ にしろ

3 次の韓国語を日本語に直しなさい。

1) 비싸서 살 엄두가 나지 않았습니다.

_____。

2) 새로운 것이나 이득이 되는 것에 사족을 못 씁니다.

_____。

3) 특히 바겐세일에는 뜻밖에 싸게 살 수 있는 물건이 있으니까요.

_____。

ショッピング

あなたは、どこで買い物をしますか。日本では、百貨店と専門店を
①　　　　　　　　　　　　　　がたくさんあります。また、最近では、
インターネットを ②　　　　　　買い物をする人々が増えてきました。お店で
③　　　　　　　　　　　、インターネットで ④　　　　　　　　　　　、やはり
品質·デザインが良くて安いものが良いという人が多いのは昔と変わりありま
せん。そして、⑤　　　　　　　　　　では、個人情報を入力しなければなら
ないため、個人情報の流出に不安を感じて ⑥　　　　　　　、今後も利用を
⑦　　　　　　　という人は増え
ています。ネットショッピングと
いうと「便利で値段もお得だ」と
いう ⑧　　　　　　　　よう
です。

( )

上の文をよく聞いて次の質問に答えなさい。

1) 最近では買い物をするとき、どのような人々が増えていると言っていますか。
_____

2) 昔と変わらないことは何ですか。
_____

3) ネットショッピングにどのような不安を感じていますか。
_____

■ 手ダスケ単語

百貨店(ひゃっかてん) 백화점 | 専門店(せんもんてん) 전문점 | ショッピングモール 쇼핑몰 | つなげる 연결하다 | 通(つう)じて 통해서
| 変(か)わる 변하다 | 品質(ひんしつ) 품질 | 今後(こんご) 앞으로 | 個人情報(こじんじょうほう) 개인정보 | 入力(にゅうりょく)する 입력하다 |
流出(りゅうしゅつ) 유출 | 感(かん)じる 느끼다 | 続(つづ)ける 계속하다 | お得(とく)だ 유리하다, 득이 되다

応用会話

1. あなたの家の周りにはどんなお店がありますか。(詳しく説明してください)

2. あなたはよく買い物に行きますか。そして、何を買いますか。

3. あなたのお気に入りの場所はどこですか。

4. あなたは一人で買い物に行きますか? それともだれかと一緒に行きますか。

5. あなたはよくネットショッピングを利用しますか。(理由を含めて)

6. ネットショッピングの良い点、悪い点は何だと思いますか。

7. ネットショッピングで買って良かったもの、失敗だったものがありますか。

8. あなたはウィンドウショッピングする人をどう思いますか。

9. あなたはどのようにバーゲンセールの情報を得ますか。

10. あなたは何を重視して、商品を買いますか。

会話のキーワード

❶ ショッピングする場所

・デパート、百貨店：백화점 ・ショッピングモール：쇼핑몰

・アウトレットモール：아울렛매장 ・リサイクルショップ：재활용품점

・100円ショップ：100엔 숍 ・フリーマーケット：벼룩시장

❷ その他の単語

・家の周り：집 주변 ・詳しく：자세히 ・気に入る：마음에 들다

・場所：장소 ・利用：이용 ・理由：이유

・含める：포함하다 ・失敗：실패 ・情報：정보

・得る：얻다 ・商品：상품

日本文化

＊ ショッピング

현재, 쇼핑은 일종의 레저(오락 내지 취미)로서 인식되는 경향이 늘고 있다. 그 배경에는 서비스이든 물품이든, 특정 점포에 있는 상품이 계절이나 유행 혹은 시간대에 따라서 항상 정해진 것만 있는 것이 아니라, 끊임없이 변화하고 있다는 이유가 있기 때문이라고 말할 수 있다. 그러한 행락 요소가 강조된 양식으로서, 보기만 하고 사지 않는 '윈도우 쇼핑'이라고 불리는 것이 있다.

편의점이나 슈퍼마켓 정도에서는 그다지 행락 요소가 중요시되지 않는 경향이 강하고, 일상용으로 쓰는 식료나 생활 잡화(소모품·위생 용품)만 구입하지만, 백화점 등에서는 행락 요소도 강해지고, 또 상가(쇼핑 몰)처럼 특히 행락 요소를 중시한 점포가 생기는 경향도 볼 수 있다. 그 한편으로 100엔 숍 등에서도 '특별히 무엇을 사겠다는 목적도 없이' 보며 돌아다니는 것을 즐기는 사람도 있어서 동종 업태에서는 그러한 수요에 맞추어 버라이어티 잡화를 특화한 점포도 볼 수 있다.

또, 최근 몇 년 사이에는 염가로 구입하려고 아울렛 몰에 가는 사람들도 증가하고 있다.

第16課

陶芸で土を触ることを通して、
精神統一するのもいいかもしれませんね。

重要ポイント

1. 名詞 + さえ
2. 名詞 + を通して
3. 動詞「た」+ 上で
4. 動詞の「ます形」+ かける

ダイアローグ

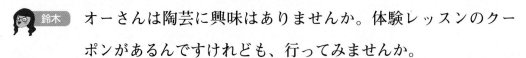

Track 46

<習い事>

鈴木 オーさんは陶芸に興味はありませんか。体験レッスンのクーポンがあるんですけれども、行ってみませんか。

オー 陶芸ですか。そうですね。最近、今日が何曜日なのかさえわからないような忙しい生活を送っているので、心を落ち着ける時間を持つのもよさそうですね。

鈴木 土は人を落ち着かせてくれるというし、陶芸で土を触ることを通して、精神統一するのもいいかもしれませんね。

オー 実は今、簿記の学校に通っているんです。習い事を増やしても大丈夫でしょうか。

鈴木 続けるかどうかは体験した上で決めればいいので、とりあえず気軽に行ってみましょうよ。

オー そうですね。鈴木さんはもともと陶芸に興味があったんですか。

鈴木 実は、陶芸部だったので中学校の時にしていたんですよ。この体験レッスンのクーポンを見て、忘れかけていた情熱を思い出したというか……。

オー そうだったんですか。中学生で陶芸なんて、しぶいですね。

鈴木 そうですね。習い事をすると何かを習うだけではなく、新たな出会いもあるから楽しみなんです。

ダイアローグを読んで次の質問に答えなさい。

1. 鈴木さんはオーさんをどこに誘いましたか。

_____

2. オーさんはどんな学校に通っていますか。

_____

3. 鈴木さんはいつ陶芸部にいましたか。

_____

4. 習い事のいい点を二つあげましょう。

_____

■ ダイアローグ単語

習(なら)い事(ごと) 배우는(익히는) 일 | 陶芸(とうげい) 도예(도자기 공예) | 興味(きょうみ) 흥미 | 体験(たいけん) 체험 | 生活(せいかつ) 생활 | 落(お)ち着(つ)ける 가라앉히다, 진정시키다, 안정시키다 | 土(つち) 흙 | 触(さわ)る 만지다 | 通(とお)して 통하여 | 精神統一(せいしんとういつ) 정신통일 | 簿記(ぼき) 부기 | 増(ふ)やす 늘리다, 불리다 | 大丈夫(だいじょうぶ)だ 괜찮다, 걱정 없다 | とりあえず 우선, 일단 | 気軽(きがる)い 홀가분하다, 마음에 부담이 없다 | もともと 원래, 본디 | 情熱(じょうねつ) 정열 | 思(おも)い出(だ)す 생각해내다, 생각나다 | 新(あら)た 새로움, 생생함 | しぶい 수수하면서도 깊은 맛이 있다, 차분하다, 구성지다 | 出会(であ)い 만남

161

1. 名詞 + さえ　～조차, ～마저

極端(きょくたん)적인 例(れい)를 들어 그 밖의 다른 것도 그렇다는 意味(いみ)를 나타낼 때 使用(しよう).

• 日払いのバイトで何とか生活していたが、最近は物価が上がって家賃さえ払えなくなった。

• デパートに行ったら、品物が色々ありすぎて何を買えば良いのかさえ分かりません。

2. 名詞 + を通(とお)して　～을 통해서

人(ひと)과 物(もの), 事件(じけん) 및 動作(どうさ)를 나타내는 名詞(めいし)를 받아 '～을 媒介(ばいかい)나 手段(しゅだん)으로 해서'란 意味(いみ).

• 祭りの目的は、祭りを通して、多くの市民に地域を愛する気持ちや街づくりへの関心を高め、楽しんでいただこうというものです。

• 皆さんは、仲間、恋愛、学校生活など、色々なことを通して少しずつ大人になっていくのです。

3. 動詞(どうし)の「た形」 + 上(うえ)で　～한 후에

'動詞(どうし)가 나타내는 動作(どうさ)을 하고 나서'란 意味(いみ)로, 뒤에는 그 結果(けっか)에 준해 다음 行動(こうどう)을 취한다는 意味(いみ)의 表現(ひょうげん)이 이어진다.

• 様々なデザインがありますので、よく相談した上で選択していただいています。

• 彼は昨日のことについてきちんと話した上で自分が悪かったことへの責任をとりたいといいました。

4. 動詞(どうし)の「ます形」 + かける　～하기 시작하다, ～하는 중이다, ～하려고 하다

動作(どうさ)의 시작이나 途中(とちゅう)의 状態(じょうたい), 혹은 動作(どうさ)을 하기 直前(ちょくぜん)의 状態(じょうたい)를 나타낸다.

• ある人が食べかけたパンを元に戻していたのでちょっとびっくりでした。

• 一週間前に買って読みかけたのに、今までそのままの状態でほったらかしにしている。

■ 単語 ───

日払(ひばら)い 일당 | 物価(ぶっか) 물가 | 家賃(やちん) 월세 | 品物(しなもの) 물건, 상품 | 事件(じけん) 사건 | 動作(どうさ) 동작 | 媒介(ばいかい) 매개 | 手段(しゅだん) 수단 | 市民(しみん) 시민 | 愛(あい)する 사랑하는 | 街(まち) 시가(市), 마을 | いただく 받으의 겸양어 | 仲間(なかま) 동료, 무리 | 恋愛(れんあい) 연애 | 選択(せんたく) 선택 | 責任(せきにん) 책임 | 途中(とちゅう) 도중 | 直前(ちょくぜん) 직전 | 元(もと)に戻(もど)す 원상태로(원래 자리에) 돌려놓다 | ほったらかし 방치

文型練習　　　　　　　　Track 47

四角の中から＿＿＿＿に適当な言葉を入れて文を完成しなさい。

1. ある男性が頭のかゆみを止める塗りぐすりで中毒になって死に＿＿＿＿＿＿＿＿＿
   という事故を起こした。

2. 今では小学生＿＿＿＿＿＿＿＿インターネットの掲示板の管理人になれる時代だ。

3. 歌舞伎を＿＿＿＿＿＿＿＿＿日本伝統文化が分かると思います。

4. 連休の日曜日に家族で外食に出かけたが、人混みでどの店に入っていいのか
   ＿＿＿＿＿＿＿＿＿分からなくなった。

5. 仕事の経験を積んだ＿＿＿＿＿＿＿＿、その後の活躍に活かしていただきたい
   と思っております。

6. 注意して聞くことを＿＿＿＿＿＿＿＿、次第に話を理解するようになっていきます。

7. 論文を書き＿＿＿＿＿＿＿＿が、気に入らないので削除してしまった。

8. 学校政策は、計画と予算をじゅうぶんに検討した＿＿＿＿＿＿＿＿判断すべき
   である。

　　　　さえ　　　　　通して　　　　　上で　　　　　かける

■ 単語

かゆみ 가려움 | 塗(ぬ)る 바르다, 칠하다 | 中毒(ちゅうどく) 중독 | 事故(じこ) 사고 | 起(お)こす 일으키다 | 掲示板(けいじばん) 게시판 |
管理人(かんりにん) (게시판) 주인, 관리인 | 時代(じだい) 시대 | 小学生(しょうがくせい) 초등학생 | 歌舞伎(かぶき) 가부키(일본 전통극) |
伝統(でんとう) 전통 | 文化(ぶんか) 문화 | 連休(れんきゅう) 연휴 | 外食(がいしょく) 외식 | 人混(ひとご)み 인파 | 経験(けいけん) 경험 | 積
(つ)む 쌓다 | 活躍(かつやく) 활약 | 活(い)かす 활용하다, 살리다 | 注意(ちゅうい) 주의 | 次第(しだい)に 점차, 차츰 | 話(はなし) 이야기 |
理解(りかい) 이해 | 論文(ろんぶん) 논문 | 削除(さくじょ) 삭제 | 政策(せいさく) 정책 | 計画(けいかく) 계획 | 予算(よさん) 예산 | 十分(じゅう
ぶん) 충분 | 検討(けんとう) 검토 | 判断(はんだん) 판단

1 次の漢字の読みがなを書きなさい。

1) 陶芸　　：＿＿＿＿＿＿　　2) 興味　　：＿＿＿＿＿＿

3) 体験　　：＿＿＿＿＿＿　　4) 精神統一 ：＿＿＿＿＿＿

5) 簿記　　：＿＿＿＿＿＿　　6) 情熱　　：＿＿＿＿＿＿

2 ＿＿＿＿＿＿に一番適当なものを一つ選びなさい。

1) 最近、今日が何曜日＿＿＿＿＿＿わからないような忙しい生活を送っている。

　① なのかさえ　　② なかさえ　　③ のかうえで　　④ かうえで

2) 陶芸で土を触ること＿＿＿＿＿＿、精神統一するのもいいかもしれませんね。

　① さえ　　　　　② がさえ　　　③ を通して　　④ 通して

3) 続けるかどうかは＿＿＿＿＿＿＿決めればいいので、とりあえず気軽に行ってみましょうよ。

　① 体験する上で　　　　　② 体験しかけて
　③ 体験かけて　　　　　　④ 体験した上で

4) この体験レッスンのクーポンを見て、＿＿＿＿＿＿いた情熱を思い出したというか……。

　① 忘れるかけて　② 忘れかけて　③ 忘れらかけて　④ 忘かけて

3 次の韓国語を日本語に直しなさい。

1) 체험 레슨 쿠폰이 있습니다만, 도예에 흥미가 없으십니까?

　＿＿＿＿＿＿＿＿＿＿＿＿＿＿＿＿＿＿＿＿＿＿＿＿＿＿＿＿＿。

2) 배우는 일을 늘려도 괜찮습니까?

　＿＿＿＿＿＿＿＿＿＿＿＿＿＿＿＿＿＿＿＿＿＿＿＿＿＿＿＿＿。

3) 새로운 만남도 있어서 기대됩니다.

　＿＿＿＿＿＿＿＿＿＿＿＿＿＿＿＿＿＿＿＿＿＿＿＿＿＿＿＿＿。

ヒアリング・リーディング練習

★ よく聞いて、空欄に入る言葉を入れなさい。 Track 48

習い事

　あなたは日本語のほかに何か ①　　　　　　　　　　　をしていますか。習い事は何か ②　　　　　　　　がないと続けるのは難しいと思います。習い事 ③　　　　　同じ目的を持った新しい友達ができたり、知識や技術を得たり、将来の ④　　　　　　　が多いでしょう。習い事が長続きしないという人がいると思いますが、まずはどんなことをしたいのかしっかり考えた ⑤　　　　　　、始めるのがいいかもしれませんね。「何か新しいことを始めたいな」、「⑥　　　　　　　　　　習い事をしたいな」と思っている人は、 ⑦　　　　　　　　　してみたり、インターネットのサイトで調べてみたりして、一度 ⑧　　　　　　　　　のはいかがですか。

上の文をよく聞いて次の質問に答えなさい。

1) 習い事は何がないと続けるのが難しいと言っていますか。

_____

2) 長続きしない人はどうしたら良いと言っていますか。

_____

3) 習い事を始めようと思う人はまず何をしたら良いと言っていますか。

_____

■ 手ダスケ単語

知識(ちしき) 지식 | 目的(もくてき) 목적 | 技術(ぎじゅつ) 기술 | 得(え)る 얻다 | 将来(しょうらい) 장래 | 役(やく)に立(た)つ 도움이 되다 | 長続(ながつづ)き 오래 계속됨 | 視野(しや) 시야 | 広(ひろ)げる 넓히다 | 資料(しりょう) 자료 | 請求(せいきゅう)する 요청하다 | 調(しら)べる 조사하다

応用会話

1. あなたは今どんな習い事をしていますか。また、どんな習い事をしたことがあります
   か。

2. あなたはなぜ習い事をしますか。（目的は何ですか。）

3. 習い事をして得られることは何だと思いますか。

4. あなたの国で人気のある習い事は何ですか。また、なぜ人気だと思いますか。

5. 今後、どんな習い事をしてみたいですか。

6. あなたの国では、どのくらいの人が習い事をしていますか。

7. あなたの国の伝統的な習い事は何ですか。

(例 日本：着付け<着物の着かたを学ぶこと>など)

8. あなたは、長続きしなかった習い事がありますか。それはなぜですか。

9. 年齢や男女で習い事はどのように違うと思いますか。

10. 習い事について、思い出などを自由に話してみましょう。

会話のキーワード

❶ 習い事の種類

・ピアノ 피아노 ・書道 서예 ・水泳 수영 ・そろばん 주판 ・料理 요리 ・ヨガ 요가
・英会話(外国語) 영어회화 ・外国語 외국어 ・楽器：악기 ・アロマテラピー 아로마
테라피(aroma thrapie), 방향 요법 ・ダンス 댄스, 춤 ・パソコン 컴퓨터 ・生け花 꽃꽂이

❷ その他の単語

・得る 얻다 ・今後 이후, 차후 ・伝統的 전통적 ・着物 기모노(일본전통 의상) ・学ぶ 배
우다 ・年齢 연령, 나이 ・男女 남여 ・違う 틀리다, 다르다

167

日本文化

* 習い事

새해에 시작하고 싶은 강습 랭킹

	남 성	여 성
1위	요리	과자 · 빵 만들기
2위	골프	요가
3위	피아노 등 악기	요리
4위	사진	피아노 등 악기
5위	과자 · 빵 만들기	피라티스
6위	가드닝	서예
7위	서예	기모노 입기
8위	수영	아로마테라피
9위	와인 · 술	사진
10위	테니스	수예 · 뜨개질

〈goo 랭킹: 1000명 이상의 조사 결과〉에서

남성의 경우 2위 '골프' 9위 '와인 · 술'은 납득이 가는 결과라고 할 수 있다. 마스터 하면 생업에도 살릴 수 있을 것 같은 지식 과 기술이다. 그리고 주목할 만한 것은 6위 '가드닝'. 나날의 피로를 녹음으로 달래려는 목적이 잘 이해된다.

여성의 경우는 '요가'와 '과자 · 빵 만들기' 가 동률 1위. 선물 첨부의 '과자 교실'은 스위 트마니아에게는 참을 수 없는 레슨이며, 빵 교실은 과자 교실 과 더불어 인기 급상 중이다. 공동 1위인 '요가'는 이미 전당에 든 기세가 최근 몇 년간 계속되고 있다.

第17課

効率よく観光地をまわりつつ、
おいしいものも食べたいと言うんです。

重要ポイント

1. 動詞の「ます形」＋ つつ
2. 動詞の「辞書形・た」・形容詞の「い（な）」・名詞「の」＋ わりに（は）
3. 名詞 ＋ からいうと
4. 動詞の「辞書形」＋ につけ（て）

ダイアローグ

Track 49

＜日帰りバスツアー＞

ミン 韓国から友だちが来るんですが、どこに案内したらいいか迷っているんです。

佐藤 友だちは日本は初めてですか。だったら浅草や新宿がいいと思いますが。

ミン いいえ。かなりのリピーターで、注文が多いんですよ。効率よく観光地をまわりつつ、おいしいものも食べたいと言うんです。難しいことを言うわりには、お金は出せないっていうし。

佐藤 それなら、バスツアーに参加してみるのはどうですか。私の経験からいうと、いろいろな観光地を楽にまわれますし、レストランもおいしいところを選んで連れていってくれるので、おすすめです。

ミン それなら、友だちに好きなコースを選んでもらえるので、いいですね。

佐藤 イチゴ狩りやいも掘りも楽しいし、買物が好きならアウトレットツアーもいいかもしれません。あとは、旅館の料理もおいしいですから、温泉なんかは無難ですね。

ミン いろんなツアーがあるんですね。友だちと相談してみます。

佐藤 それにつけても、ミンさんは友だち思いですね。友だちの希望を全部聞いてあげるなんて、なかなかできないですよ。

ミン 昔とてもお世話になった友だちなんです。だから恩返しをしたいと思っていたので、ちょうどいい機会になりました。

ダイアローグを読んで次の質問に答えなさい。

1. ミンさんは佐藤さんにどんなことを相談しましたか。

_____

2. ミンさんの友だちは日本によく来ますか。

_____

3. 佐藤さんはどんなアドバイスをしましたか。

_____

4. バスツアーにはどんなコースがありますか。

_____

■ ダイアローグ単語

案内(あんない) 안내 | 迷(まよ)う 헤매다, 결단을 내리지 못하다 | 浅草(あさくさ) 아사쿠사(지명) | 新宿(しんじゅく) 신주쿠(지명) | リピーター 리피터(같은 곳을 여러 번 이용하는 사람, repeater) | 注文(ちゅうもん) 주문 | 効率(こうりつ) 효율 | 観光地(かんこうち) 관광지 | バスツアー 버스 투어(Bus Tour) | 参加(さんか) 참가 | 経験(けいけん) 경험 | 楽(らく)に 편하게 | まわる 돌다 | 選(えら)ぶ 선택하다, 고르다 | 連(つ)れる 데리고 가다(오다) | おすすめ 권유, 추천 | コース 코스(Course) | イチゴ狩(が)り 딸기 따기 | いも掘(ほ)り 고구마 캐기 | アウトレットツアー 아울렛 투어(Outlet Tour) | 旅館(りょかん) 여관 | 無難(ぶなん) 무난 | 相談(そうだん) 상담 | 思(おも)い 생각, 마음 | 希望(きぼう) 희망 | 恩返(おんがえ)し 보은, 은혜를 갚음 | ちょうど 꼭, 정확히 | 機会(きかい) 기회

171

文法

1. 動詞の「ます形」+ つつ ~하면서

同時に二가지 行為를 하는 것을 말함. 「~ながら」에 비해 文章体에 많이 쓰임.

- 合格を祈りつつ発表会場へ向かいました。
- アルバイトをしつつ、料理学校に通っています。

2. 動詞の「辞書形・た」・形容詞の「い(な)」・名詞「の」+ わりに(は) ~에 비해서는

'常識的으로 予想되는 基準과 比較하면'이라는 意味.

- このホテルは、大変山奥にあって、行くのが不便なわりには、部屋代がとても高い。
- A社の製品は、値段のわりには質がとてもいいです。

3. 名詞 + からいうと ~입장에서 보면

'어떤 立場에 서서 判断하면'이라는 意味.

- この車は、値段から言うととても安いのですが、デザインがあまり気に入らないですね。
- 今の私の経済状況からいうと、月1000円程度の負担であっても大変です。

4. 動詞の「辞書形」+ につけ(て) ~에 따라

'~함에 따라 自然的으로 ~하다'란 意味.

- 彼女のうわさを聞くにつけて、心の痛みが増します。
- だれでも年をとったと感じるにつけて、長生きしたいと思うのが普通だと思います。

■ 単語

同時(どうじ) 동시 | 行為(こうい) 행위 | 文章体(ぶんしょうたい) 문장체 | 合格(ごうかく) 합격 | 祈(いの)る 기원하다 | 発表会場(はっぴょうかいじょう) 발표회장 | 必要(ひつよう) 필요 | 常識(じょうしき) 상식 | 基準(きじゅん) 기준 | 比較(ひかく) 비교 | 山奥(やまおく) 산속 깊은 곳 | 景色(けしき) 경치 | 製品(せいひん) 제품 | 質(しつ) 질(품질) | | 負担(ふたん) 부담 | うわさ 소문 | 増(ま)す 보태다, 늘다 | 長生(ながい)き 장수

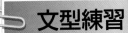
四角の中から_____に適当な言葉を入れて文を完成しなさい。

1. 青い海を眺め_____、昔のことを思い出した。

2. 若い社員の言葉の使い方にうるさい_____、部長も言葉の正しい意味を知らない。

3. 春の光を見る_____、花子は恋人を失った悲しみにくれるばかりだった。

4. お前は年齢_____、そろそろ結婚したほうがいいんじゃないかと言われていて大変です。

5. その歌を聞く_____、幸せだったあの時のことが思い出される。

6. 最近、新しい病院ができたが、若い人は多い_____、年寄りの人はあまりいないようだ。

7. お腹がすいてきたので、私が持ってきたおみやげを食べ_____、ずっとお喋りをした。

8. 君の成績_____、この大学は難しいから別の大学にしてみてはどうだろうか。

からいうと　　　つつ　　　わりには　　　につけて

■ 単語

青(あお)い 海(うみ) 푸른 바다 | 眺(なが)める 바라보다 | 若(わか)い 젊다 | 社員(しゃいん) 사원 | 言葉(ことば) 말 | 正(ただ)しい 올바르다 | 光(ひかり) 빛 | 恋人(こいびと) 연인(애인) | 失(うしな)う 잃어버리다, 사별하다 | 年齢(ねんれい) 연령 | 結婚(けっこん) 결혼 | 幸(しあわ)せ 행복 | 年寄(としよ)り 노인 | お腹(なか) 배(신체) | お喋(しゃべ)り 잡담 | 成績(せいせき) 성적 | 別(べつ)の 다른

1 次の漢字の読みがなを書きなさい。

1) 効率 ：＿＿＿＿＿＿＿
2) 経験 ：＿＿＿＿＿＿＿
3) イチゴ狩り ：＿＿＿＿＿＿＿
4) いも堀り ：＿＿＿＿＿＿＿
5) 無難 ：＿＿＿＿＿＿＿
6) 恩返し ：＿＿＿＿＿＿＿

2 ＿＿＿＿＿＿に一番適当なものを一つ選びなさい。

1) 効率よく観光地を＿＿＿＿＿＿、おいしいものも食べたいと言うんです。

① まわるわりに　② まわわりに　③ まわりつつ　④ まわりづつ

2) 難しいことを＿＿＿＿＿＿、お金は出せないっていうし。

① 言うわりには　　　　　② 言いわりには
③ 言ったにつけて　　　　④ 言えにつけて

3) 私の経験＿＿＿＿＿＿、いろいろな観光地を楽にまわれます。

① からつつ　　② がらつつ　　③ がらいいと　　④ からいうと

4) それ＿＿＿＿＿＿、ミンさんは友だち思いですね。

① のつけても　　② につけても　　③ にわりにも　　④ についても

3 次の韓国語を日本語に直しなさい。

1) 어디로 안내하면 좋을지 결정을 내리지 못했어요.

＿＿＿＿＿＿＿＿＿＿＿＿＿＿＿＿＿＿＿＿＿＿＿＿＿＿＿＿＿＿＿＿＿＿。

2) 아니오, 상당한 리피터로 주문이 많아요.

＿＿＿＿＿＿＿＿＿＿＿＿＿＿＿＿＿＿＿＿＿＿＿＿＿＿＿＿＿＿＿＿＿＿。

3) 그래서 보답을 하려고 생각하고 있었기 때문에 딱 좋은 기회가 되었습니다.

＿＿＿＿＿＿＿＿＿＿＿＿＿＿＿＿＿＿＿＿＿＿＿＿＿＿＿＿＿＿＿＿＿＿。

バスツアー

　忙しくて長期旅行には行けないが、1日ぐらい　①　　　　　　　　、遊びたいと思っている人はいませんか。そういう人に　②　　　　　なのが、③　　　　　　　　　　です。目的に合わせて、観光・体験・見学などの日帰りバスツアーが楽しめます。料金が　④　　　　　　　　　、充実した旅行を⑤　　　　　　　ができ、人気があります。前回は紅葉狩りツアーに行ったのですが、⑥　　　　　　　　、とても楽しくていい思い出になりました。日帰りだから　⑦　　　　　　　　のかなと思っている人がいらっしゃるかもしれませんが、一度日帰りバスツアーに行ってみてください。プランが充実していて、⑧　　　　　　はまるかもしれませんよ。

上の文をよく聞いて次の質問に答えなさい。

1) 日帰りバスツアーはどういう人におすすめだと言っていますか。

　　_____

2) 日帰りバスツアーはなぜ人気がありますか。

　　_____

3) 一度日帰りバスツアーに行ってみたらどうなると言っていますか。

　　_____

■ 手ダスケ単語

日帰(ひがえ)り 당일치기 | 長期(ちょうき) 장기 | 思(おも)う存分(ぞんぶん) 마음껏 | 観光(かんこう) 관광 | 体験(たいけん) 체험 | 見学(けんがく) 견학 | 充実(じゅうじつ) 충실 | 宿泊(しゅくはく) 숙박 | 結論(けつろん) 결론 | 思(おも)いの外(ほか) 생각 외로 | はまる 빠지다 | 一度(いちど) 한번 | 紅葉狩(もみじが)り 단풍 놀이, 단풍 구경

175

1. 日帰りバスツアーというと、何が頭に浮かびますか。

2. あなたは日帰りバスツアーに行ったことがありますか。

3. 行ったことがある人はどうでしたか。行ったことがない人はどのような日帰りバスツアーがあると思いますか。

4. あなたはどのような日帰りバスツアーに参加してみたいですか。

5. もし外国人の友達が来たら、どこを案内しますか。そして、どんなバスツアーに参加しますか。

6. 季節ごとに人気の日帰りバスツアーはありますか。知らない人もどんなバスツアーがあるか考えてみましょう。

7. バスツアーが楽しいのはなぜだと思いますか。

8. 日帰りバスツアーを楽しむために何か準備したほうが良いものはありますか。

9. あなたは旅行に行くとき、大人数派ですか、少人数派ですか。

10. 日帰りバスツアーの思い出を自由に話してみましょう。行ったことがない人は、一番思い出に残っている旅行について話してみましょう。

会話のキーワード

❶ 日帰りバスツアーの種類

・グルメ・食べ放題ツアー：먹고 싶은 만큼 먹는 투어　　・ショッピングツアー：쇼핑 투어

・温泉ツアー：온천 투어　　・フルーツ狩りツアー：과일을 따러 가는 투어

・花・自然満喫ツアー：꽃・자연 만끽(체험) 투어　　・世界遺産ツアー：세계유산 투어

・イルミネーションツアー：일류미네이션(Illumination) 투어. 일류미네이션으로 장식한 축제

❷ その他の単語

・頭に浮かぶ：머리에 떠오르다　　・季節ごと：계절마다　　・大人数派：다수파

・少人数派：소수파

日本文化

＊ 日帰りバスツアー

石유 가격 상승의 영향을 받아 차를 소유하지 않는 사람이 증가했다. 그에 따라 숙박하지 않고 싼 가격으로 관광지나 쇼핑을 즐길 수 있는 당일치기 버스 투어나 전철로 가는 당일치기 여행 등이 크게 증가했다.

스스로 차를 운전해 가는 것보다도 육체적으로 편하고 경제적이다. 목적에 맞춘 여행을 할 수 있으므로, 남녀노소를 불문하고 인기가 있다. 지금 버스나 전철을 이용한 당일치기 투어는 부담 없이 갈 수 있는 여행으로 정평이 나 있으며, 목적지까지는 버스로 편하게, 맛있는 런치나 온천 등이 세트로 설정되어 있다.

당일치기 여행의 매력은 하루이므로, 일정을 짜는 것이 간단하고, 개인으로서는 생각해내지 못하는 기획이 담긴 아이디어 기획 투어를 싸게 즐길 수 있는 것이 매력이다. 당일치기 버스 투어는 1명, 1만 엔 이내로 갈 수 있는 것이 많다.

먹고 싶은 만큼 먹기에다 명소 탐방, 계절의 꽃을 감상하면서 하는 하이킹 등 충분히 하루를 즐길 수 있는 약간의 사치라며 애호가가 증가하고 있다. 여행가이드가 동반하면 여러 가지 깊은 지식도 즐겁게 들을 수 있어, 혼자서는 맛볼 수 없는 알찬 시간을 보낼 수 있다.

第18課

二人で花火大会？ それは、
よくありがちなデートのパターンですよ。

重要ポイント

1. 動詞の「ます形」・名詞 ＋ がち
2. 動詞の「ます形」 ＋ える
3. 名詞 ＋ であれ
4. 動詞の「辞書形」・名詞「の」 ＋ とおり／名詞 ＋ どおり

ダイアローグ

Track 52

<花火大会>

クォン 高橋さんに花火大会に誘われたんです。二人で花火大会に行こうって……。

渡辺 二人で花火大会？ それは、よくありがちなデートのパターンですよ。

クォン まさか！ 高橋さんが？ 私が留学生だから、気を遣ってくださっているんじゃないでしょうか。

渡辺 高橋さんはクォンさんのことをかわいいって言っていたし、ありえることですよ。

クォン 花火っていうところが、そういう判断になるわけですか。

渡辺 花火であれ、映画であれ、まあ二人でって言うところを強調したところがあやしいんですよ。

クォン 私はそんな気はないのに……。どうしたらいいですか。

渡辺 やっぱり、気を持たせるよりも、最初から断った方が傷は浅いんじゃないですか。

クォン そうですよね。渡辺さんの言うとおりにします。高橋さんとはいい友だちのままでいたいですから。

ダイアローグを読んで次の質問に答えなさい。

1. クォンさんは誰に花火大会に誘われましたか。

_____

2. 高橋さんはクォンさんをどう思っていますか。

_____

3. 高橋さんとクォンさんはどうなるでしょうか。

_____

■ ダイアローグ単語 ─────────────────────────────

花火(はなび) 불꽃 | 大会(たいかい) 대회 | 誘(さそ)う 권유하다, 권하다 | デート 데이트(date) | パターン 패턴(pattern) | まさか 설마, 아무리 그렇더라도 | 気(き)を遣(つか)う 신경을 쓰다 | 判断(はんだん) 판단 | 強調(きょうちょう) 강조 | あやしい 이상하다, 신비스럽다 | 気(き)を持(も)たせる 기대를 갖게 하다 | 断(ことわ)る 거절하다, 양해를 구하다 | 傷(きず) 상처, (정신적) 고통 | 浅(あさ)い 얕다, 정도가 낮다

文法

1. 動詞の「ます形」・名詞 ＋ がち　〜(하)기 쉬움

意図하지 않아도 자칫 그렇게 되기 쉽다는 意味. 名詞의 경우 그런 状態가 되기 쉽거나 그런 性質이 있음을 나타냄.

- 私の隣の席の山田君は、体が弱くて学校を休みがちで、とても心配です。
- ジョンさんはお金持ちで、おいしいものばかり食べていると思われがちですが、お昼ごはんはコンビニのおにぎりとお茶が多いです。

2. 動詞の「ます形」 ＋ える　〜할 수 있다

可能의 意味를 나타내며 文章体에 쓰임. 肯定文에는 「える」와 「うる」둘 다 쓰이나 否定이나 過去에는 「える」를 使用함.

- 女性の友達と分かりえることもたくさんありますが、男同士で分かりえることのほうがもっと多いかもしれないです。
- 子どもが感じえることは、大人になると感じえなくなってしまうのはどうしてだろうか。

3. 名詞 ＋ であれ　〜(이)든, 〜(이)더라도

'어떤 対象이든지 간에'란 条件을 나타냄.

- 学生であれ、社会人であれ、勉強は続けていくべきだと思います。
- 私がこれから出す問題に、あなたはどんな形であれ必ず答えを出してください。

4. 動詞の「辞書形」・名詞「の」 ＋ とおり／名詞 ＋ どおり　〜대로

어떤 状態와 마찬가지라는 意味.

- 研究の結果は、必ず思うとおりになるとはかぎらないからおもしろいんですよ。
- やはり、予想どおりの結果が出ました。

■ 単語

意図(いと) 의도 | 状態(じょうたい) 상태 | 性質(せいしつ) 성질 | 可能(かのう) 가능 | 肯定(こうてい) 긍정 | 否定(ひてい) 부정 | 同士(どうし) 끼리, 사이 | 条件(じょうけん) 조건 | 答(こた)え 답 | 研究(けんきゅう) 연구

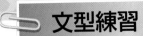

文型練習 Track 53

四角の中から_____に適当な言葉を入れて文を完成しなさい。

1. 美しさというのはそれが独立して存在し_____と、昔から考えられてきた。

2. これから私が言う_____にメモをしてくださいね。

3. A社のパソコンはB社のパソコンとよく比較され_____ですが、A社のパソコンが少し値段が安いだけです。

4. 彼女の気持ちがどう_____、あなたのことが大好きだというのはだれが見ても明らかですよ。

5. 自分が信じる_____に生きることができれば一番いい。

6. それが思い出_____後悔_____、二度と時間は戻らない。

7. あの店に行けば、炭火で焼いたアツアツのサザエ、タイ、クルマエビなどの海の幸が手に入り_____かもしれない。

8. 母の日に比べて、父の日は忘れられ_____です。

とおり	える	であれ	がち	うる

■単語 ───────────────────────────────

独立(どくりつ) 독립 | 存在(そんざい) 존재 | メモ 메모 | 比較(ひかく) 비교 | 値段(ねだん) 가격 | 明(あき)らかだ 분명하다, 뚜렷하다 | 自分(じぶん) 자신 | 後悔(こうかい) 후회 | 戻(もど)る 되돌아가(오)다 | 炭火(すみび) 숯불 | アツアツ 매우 뜨거움(뜨끈뜨끈) | サザエ 소라 | タイ 도미 | クルマエビ 보리새우 | 比(くら)べる 비교하다

183

1 次の漢字の読みがなを書きなさい。

1) 花火   : ＿＿＿＿＿＿   2) 気を遣う : ＿＿＿＿＿＿

3) 判断   : ＿＿＿＿＿＿   4) 強調   : ＿＿＿＿＿＿

5) 気を持たせる : ＿＿＿＿＿＿   6) 断る   : ＿＿＿＿＿＿

2 ＿＿＿＿＿に一番適当なものを一つ選びなさい。

1) 二人で花火大会? それは、よく＿＿＿デートのパターンですよ。

    ① あるであれ   ② ありであれ   ③ ありがちな   ④ あるかちな

2) 高橋さんはクォンさんのことをかわいいって言っていたし、＿＿＿ことですよ。

    ① ありえる   ② あるえる   ③ ありとおりの ④ あれとおりの

3) 花火＿＿＿、映画＿＿＿、まあ二人でって言うところを強調したところがあやしいんですよ。

    ① であろう   ② であれ   ③ でありうる   ④ でありとおり

4) そうですよね。渡辺さんの＿＿＿にします。

    ① いうがち   ② いえがち   ③ いいとおり   ④ いうとおり

3 次の韓国語を日本語に直しなさい。

1) 다카하시씨한테 불꽃놀이 가자고 권유 받았습니다. 둘이서 불꽃놀이에 가자고요…….

＿＿＿＿＿＿＿＿＿＿＿＿＿＿＿＿＿＿＿＿＿＿＿＿＿＿＿＿＿＿＿＿。

2) 신경 써 주시는 거 아닐까요.

＿＿＿＿＿＿＿＿＿＿＿＿＿＿＿＿＿＿＿＿＿＿＿＿＿＿＿＿＿＿＿＿。

3) 처음부터 거절하는 편이 상처를 덜 받지 않을까요?

＿＿＿＿＿＿＿＿＿＿＿＿＿＿＿＿＿＿＿＿＿＿＿＿＿＿＿＿＿＿＿＿。

ヒアリング・リーディング練習

★ よく聞いて、空欄に入る言葉を入れなさい。 Track 54

花火大会

　日本では、有名な花火大会は何十万人も見物に ①　　　　　　　　、夏行事の一つの楽しみになっています。浴衣を着て花火大会に行く人も多く、②　　　　がにぎやかになります。不況になると規模が ③　　　　　　　花火大会ですが、人々は花火大会だけでも ④　　　　　　　　という願いを持っています。とはいえ、大規模 ⑤　　　　、小規模 ⑥　　　、花火大会は楽しいものです。ニュースでも ⑦　　　　　　　　ぐらい人気があり、毎年、全国の花火大会 ⑧

や訪れた人数なども発表されます。

上の文をよく聞いて次の質問に答えなさい。

1) 花火大会の日は町がどのようになりますか。

_____

2) 人々はどのような願いを持っていますか。

_____

3) 毎年、ニュースで何が発表されますか。

_____

■ **手ダスケ単語**

見物(けんぶつ) 구경 | 訪(おとず)れる 방문하다 | 行事(ぎょうじ) 행사 | 浴衣(ゆかた) 일본의 전통 의상. 기모노의 일종 | 全体(ぜんたい) 전체 | にぎやかだ 번화하다 | 不況(ふきょう) 불황 | 規模(きぼ) 규모 | 縮小(しゅくしょう)する 축소하다 | 盛大(せいだい) 성대 | 放送(ほうそう)する 방송하다 | 全国(ぜんこく) 전국 | 打(う)ち上(あ)げ 쏘아 올림 | 本数(ほんすう) 개수 | 発表(はっぴょう)する 발표하다 | 人数(にんずう) 인원수

応用会話

1. 花火大会に行ったことがありますか。（行った感想（かんそう）を含（ふく）めて話しましょう）

2. あなたは花火と聞いて何が思い浮（う）かびますか。

3. 花火の魅力（みりょく）は何だと思いますか。

4. あなたの国の夏の行事（ぎょうじ）というと、どんなものがありますか。

5. 花火大会があることによって、町（まち）はどのようになると思いますか。

6. あなたは花火をするのが好きですか。それとも花火を見るのが好きですか（理由（りゆう）も含めて）

7. 花火には色々な種類（しゅるい）がありますが、どんな花火が好きですか。

8. なぜ日本で花火大会が人気なのだと思いますか。

9. あなたの国は夏に花火大会が行われますか。どこが人気ですか。

10. 花火について自由に話してみましょう。

会話のキーワード

❶ 花火の種類

・打ち上げ花火：筒で打ち上げて上空で開かせる花火
통으로 쏘아 올려서 상공에서 퍼지게 하는 불꽃놀이

・仕掛け花火：地上に仕掛けを作って、種々の形や文字が現れるようにした大規模の
花火 지상에 장치를 만들고 여러 가지 형태나 문자가 나타나도록 한 큰 규모의 불꽃놀이

・おもちゃ花火：①手持ち花火、②ねずみ花火、③線香花火など ① 손으로 들고 하는 불꽃
놀이 ② 지름이 약 3cm의 고리 모양의 불꽃으로 땅 위를 뱅글뱅글 돌다가 터지는 불꽃놀이 ③ 지노(종
이를 비벼서 실처럼 만든 가는 선 모양의 종이) 끝에 화약을 비벼 넣어 만든 불꽃놀이 등

❷ その他の単語

・感想：감상   ・含める：포함하다 ・魅力：매력   ・行事：행사

・理由：이유   ・種類：종류   ・筒：통, 竹の筒(대나무 통)

・上空：상공   ・地上：지상   ・現れる：나타나다, 출현하다

・手持ち：손으로 들다 ・ねずみ：쥐

✳ 花火大会

불꽃은 대부분의 경우 화약이 폭발·연소했을 때에 흩날리는 불똥의 색이나 형태를 즐기지만, 로켓 불꽃이나 뱀 불꽃, 낙하산 불꽃과 같이 화약의 연소가 아닌 것을 즐기는 것도 있다. 일본에서 불꽃이 제조되게 된 것은 16세기의 총포 전래 이후이다.

일본에서는, 불꽃은 여름 밤의 정취로 여겨지고 있어 수요는 여름에 집중되고 있고, 그 외 계절은 별로 수요가 없다. 이것은 불꽃이 해수욕장의 개장에 맞추어 사용되었던 잔재라고 한다. 각 자치체에서는 대규모 불꽃 행사를 '불꽃놀이 대회'라고 칭하며 행하고 있는데, 그 시기는 7, 8월에 집중되어 있다.

불꽃에는 크게 나누어 국화와 같이 구형으로 피는 「割物」와 불꽃 구슬이 상공에서 두 개로 피어, 안으로부터 별 등이 방출되는 「ポカ物」의 두 종류가 있다. 그 중에서도 크게 국화를 피울 수 있는 일본의 割物 불꽃은 세계에서 가장 정교한 불꽃이라고 일컬어진다. 불꽃의 종류, 복잡함, 불꽃 기술자에 따라 복잡하게 가격이 크게 다르지만, 일반적인 불꽃놀이의 경우 한 발당 시세는 3호 구슬이 약 3천~4천 엔, 5호 구슬이 약 1만 엔, 10호 구슬이 약 6만 엔, 20호 구슬이 약 55만 엔 정도로 되어 있다.

第19課

乗ったか乗らないかのうちに
次の目的地に到着してしまいますよ。

重要ポイント

1. 動詞の「辞書形」・名詞 ＋ にともなって
2. 名詞 ＋ にすぎない
3. 動詞の「辞書形」 ＋ か …… 動詞「ない」 ＋ かのうちに
4. 動詞の「ます形」 ＋ きる

ダイアローグ

 Track 55

<ピクニック>

 高橋　オーさんは横浜には行ったことありますか。

 オー　いいえ、まだありませんが、ぜひ一度行ってみたいですね。

 高橋　明治初期の横浜港開港にともなって、欧米の建築様式が日本にも取り入れられました。ですから横浜には色々な建物があるのですが、明治初期に建てられたものから、現代的なものまでが共存していて、絶妙な光景を作り出しているんですよ。

 オー　江戸時代は鎖国をしていたんですよね。ぜひ歴史を感じながら、見てみたいです。その建物はみんな近くに集まっているんですか。

 高橋　けっこう離れているのですが、道が細いので車もおすすめできません。最近は自転車のレンタルがあるので、サイクリングをしながら観光するのがいいと思います。

 オー　自転車ですか。大変そうですね。

 高橋　それは取り越し苦労にすぎませんよ。景色がきれいで、乗ったか乗らないかのうちに次の目的地に到着してしまいますよ。

 オー　横浜は坂が多いんですよね。自転車でのぼりきることができるのでしょうか。

 高橋　電動アシスト自転車なので、まったく心配ありません。坂をのぼりきったときの爽快感はまた格別ですよ。

 オー　そうですか。日本で自転車に乗ってみるのも楽しそうですね。一度、チャレンジしてみます。

ダイアローグを読んで次の質問に答えなさい。

1. 横浜にはどうして色々な建物がありますか。

_____

2. 日本は江戸時代に何をしていましたか。

_____

3. 高橋さんはどんな横浜観光を提案しましたか。

_____

■ ダイアローグ単語

横浜港(よこはまこう) 요코하마 항구 | 開港(かいこう) 개항 | 欧米(おうべい) 구미(유럽과 미국) | 建築(けんちく) 건축 | 様式(ようしき) 양식 | 取(と)り入(い)れる 받아들이다 | 江戸時代(えどじだい) 에도 시대 | 鎖国(さこく) 쇄국 | 歴史(れきし) 역사 | 明治(めいじ) 명치(시대) | 初期(しょき) 초기 | 現代的(げんだいてき) 현대적 | 共存(きょうぞん) 공존 | 絶妙(ぜつみょう) 절묘 | 光景(こうけい) 광경 | 作(つく)り出(だ)す 만들어내다 | けっこう 꽤, 상당히 | 離(はな)れる 떨어지다, 벌어지다, 멀어지다 | レンタル 임대(렌털, rental) | サイクリング 자전거타기(자전거 여행, cycling) | 観光(かんこう) 관광 | 取(と)り越(こ)し苦労(ぐろう) 쓸데없는 걱정, 생걱정, 기우 | 景色(けしき) 경치 | 目的地(もくてきち) 목적지 | 到着(とうちゃく) 도착 | 坂(さか) 경사지, 고갯길, 고개 | のぼる 오르다, 올라가다 | 電動(でんどう) 전동 | アシスト 도움, 조력(어시스트, assist) | まったく 전혀, 완전히, 아주, 전적으로 | 爽快感(そうかいかん) 상쾌감

文法

1. 動詞の「辞書形」・名詞 ＋ にともなって ~에 동반해서, ~과 함께

앞에서 일어난 事件에 수반해서 일어난다는 意味.

• 電気・電子の発展にともなって、異なる分野でもこれらの成果が利用されてきた。

• 仕事が国際化するにともなって、英語ができて、パソコンが使えることが、これからのサラリーマンの必須条件となるでしょう。

2. 名詞 ＋ にすぎない ~에 지나지 않다, ~에 불과하다

어느 程度를 넘지 않는다는 意味.

• 結婚することが人生の終わりだという人がいますが、結婚はただの始まりにすぎないと私は思います。

• ロボットがどんなに便利で頭がよくなっても結局は人が作った道具にすぎません。

3. 動詞の「辞書形」 ＋ か ……動詞「ない」 ＋ かのうちに
~할(했을)지 ~하지 않(았)을지 하는 사이에

어떤 動作이나 状況이 아주 잠깐 사이에 일어나는 것을 意味함.

• 雨が降るか降らないかのうちに早く洗濯物を片付けてしまうほうがいい。

• 昼休みにみんなでご飯を食べるか食べないかのうちに、課長から仕事の電話がかかってきて私だけ会社に帰りました。

4. 動詞の「ます形」 ＋ きる 완전히 ~하다, 다 ~하다

어떤 動作을 끝까지 혹은 十分히 다 完了함을 意味.

• 何年もかけてこの本を翻訳しきった時には、だれかがこの本を出版していた。

• 私の彼氏はとてもきれい好きで、いつも汚れきった私の車を何も言わないできれいに洗ってくれる。

■ 単語 ─────────

電気(でんき) 전기 | 電子(でんし) 전자 | 発展(はってん) 발전 | 事件(じけん) 사건 | 異(こと)なる 다르다 | 分野(ぶんや) 분야 | 成果(せいか) 성과 | 必須(ひっす) 필수 | 条件(じょうけん) 조건 | 程度(ていど) 정도 | 結局(けっきょく) 결국 | 道具(どうぐ) 도구 | 動作(どうさ) 동작 | 状況(じょうきょう) 상황 | 課長(かちょう) 과장 | 十分(じゅうぶん) 충분 | 完了(かんりょう) 완료 | 翻訳(ほんやく) 번역 | 出版(しゅっぱん) 출판

四角の中から_____に適当な言葉を入れて文を完成しなさい。

1. 人口の増加_____建物の高層化が問題となっている。

2. 返事が終わるか終わらないかの_____、彼女は静かに寝息を立て始めた。

3. ランチで20分以上待たされたあげく、冷え_____焼き魚定食を食べざるをえなかった。

4. アメリカはとても広い国ですが、世界中に200近くある国の一つに_____ません。

5. ここ2〜3カ月は馬車馬のように働く日々が続き、一部の人は伸び_____ゴムのようになってしまった。

6. 私の勝手な想像に_____ませんが、もしかして彼ら付き合っているんじゃないですか。

7. 4年も続いた長寿番組でしたが、番組改編_____新番組を立ち上げることになりました。

8. 私が結婚してから1ヶ月が過ぎるか過ぎないかの_____、幼なじみも結婚式を挙げました。

きった	にともなって	うちに	すぎ

■単語

人口(じんこう) 인구 | 高層化(こうそうか) 고층화 | 返事(へんじ) 대답, 응답 | 寝息(ねいき) 자는 숨소리 | 立(た)て始(はじ)める 내기 시작하다 | 焼(や)き魚(ざかな) 생선구이 | 馬車馬(ばしゃうま) 마차를 끄는 말 | 日々(ひび) 하루하루, 나날, 매일 | 一部(いちぶ) 일부 | 勝手(かって) 자기 좋을 대로 함 | 想像(そうぞう) 상상 | 付(つ)き合(あ)う 사귀다 | 長寿(ちょうじゅ) 장수 | 番組(ばんぐみ) 프로그램 | 改編(かいへん) 개편 | 新番組(しんばんぐみ) 신 프로그램 | 立(た)ち上(あ)げる 활동을 시작하다, 시동하다 | 過(す)ぎる 지나다, 경과하다 | 幼(おさな)なじみ 어릴 때부터 친한 친구 | 結婚式(けっこんしき)を挙(あ)げる 결혼식을 올리다

1 次の漢字の読みがなを書きなさい。

1) 共存 : _____　　2) 絶妙 : _____　　3) 光景　 : _____

4) 到着 : _____　　5) 電動 : _____　　6) 爽快感 : _____

2 _____に一番適当なものを一つ選びなさい。

1) 横浜港開港_____、欧米の建築様式が日本にも採り入れられました。

　① うちに　　　　　　　　② からうちに
　③ にともなって　　　　　④ のともなって

2) それは取り越し苦労_____よ。

　① にすぎません　　　　　② なのすぎません
　③ ことがすぎません　　　④ のほかすぎません

3) 景色がきれいで、_____次の目的地に到着してしまいますよ。

　① 乗った乗らないかのきって　② 乗ったか乗らないかうちに
　③ 乗ったか乗りないかのきって　④ 乗ったか乗らないかのうちに

4) 坂を_____ときの爽快感はまた格別ですよ。

　① のぼりたした　　　　　② のぼりきった
　③ のぼりうちに　　　　　④ のぼりすぎに

3 次の韓国語を日本語に直しなさい。

1) 서구의 건축양식이 일본에도 도입되었습니다.

_____。

2) 현대적인 것까지 공존해서 절묘한 광경을 만들어내고 있어요.

_____。

3) 에도시대는 쇄국을 했었지요.

_____。

ヒアリング・リーディング練習

★ よく聞いて、空欄に入る言葉を入れなさい。 Track 57

ピクニック

　あなたは、暖かい季節になると、　①＿＿＿＿＿＿＿＿に行きたくなりませんか。ピクニックが本当に好きな人もいれば、　②＿＿＿＿＿＿＿解消のためにピクニックに行く人もいて目的は人それぞれだと思います。そして、ピクニックに　③＿＿＿＿＿＿＿は「お弁当」でしょう。お弁当を作るには、　④＿＿＿＿＿＿＿から　⑤＿＿＿＿＿＿＿まであwりますが、おいしく食べればそれでいいのです。なぜならば、お弁当作りもピクニックをする上での楽しみの　⑥＿＿＿＿＿＿＿からです。お弁当作りが嫌な人はおにぎりだけ作って　⑦＿＿＿＿＿＿＿いいかもしれませんね。みなさん、今週末に家族や友達と　⑧＿＿＿＿＿＿＿のはいかがですか。

上の文をよく聞いて次の質問に答えなさい。

1) どんな人がピクニックに行きますか。

＿＿＿＿＿＿＿＿＿＿＿＿＿＿＿＿＿＿＿＿＿＿＿

2) ピクニックに欠かせないものは何ですか。

＿＿＿＿＿＿＿＿＿＿＿＿＿＿＿＿＿＿＿＿＿＿＿

3) お弁当作りが嫌な人はどうしたら良いと言っていますか。

＿＿＿＿＿＿＿＿＿＿＿＿＿＿＿＿＿＿＿＿＿＿＿

■ 手ダスケ単語

季節(きせつ) 계절 | 日(ひ)ごろ 평소 | 解消(かいしょう) 해소 | 欠(か)かす 빼다, 빠뜨리다, 거르다 | お弁当(べんとう) 도시락 | おにぎり 주먹밥 | 持(も)って行(い)く 가져가다 | 実行(じっこう) 실행

195

応用会話

1. あなたはどんなときピクニックに行きますか。

2. ピクニックに行くとどういう気持ちになりますか。

3. あなたがピクニックに欠かせないものは何ですか。

4. あなたの国で、ピクニックに最適(さいてき)な場所はどこですか。それはなぜですか。

5. あなたはサイクリングをしながら観光(かんこう)することが好きですか。

6. サイクリングの何が良いと思いますか。

7. あなたはいつお弁当を作りますか。(その目的も含めて話しましょう。)

8. あなたの国ではお弁当のおかずとして何を入れますか。

9. ピクニックでお弁当が欠かせないのはなぜだと思いますか。

10. ピクニックの思い出を話してみましょう。

会話のキーワード

❶ ピクニックに欠かせない食べ物

- おむすび：주먹밥
- 卵焼き：달걀부침(계란 프라이)
- きんぴらごぼう：우엉 무침
- ハンバーグ：햄버그(hamburg)
- 若鶏のから揚げ：닭튀김
- コロッケ：크로켓(croquette)
- ポテトサラダ：포테이토 샐러드(potato salad)

❷ その他の単語と表現

- ピクニックに欠かせない食べ物 피크닉에 빠뜨릴 수 없는 음식
- 最適な場所 최적의 장소
- 目的を含める 목적을 포함하다
- 思い出話に花が咲く 즐겁게 추억담을 주고받다(추억 이야기에 꽃이 핀다)
- 野外で食べるとおいしく感じる 야외에서 먹으면 맛있게 느껴진다
- 本格的な野外料理 본격적인 야외 요리
- 立派なバーナー・コンロを使ったアウトドア料理
  훌륭한 버너(burner)・곤로(풍로)를 사용한 아웃도어 요리(야외 요리, outdoor)
- バーベキュー用なべをコンロにのせ、アルミ・ホイルを敷いてサザエ、豚肉、牛肉、野菜
  などを焼く 바베큐용 냄비를 풍로에 얹고 알루미늄・호일을 깔고 소라, 돼지고기, 쇠고기, 야채 등을 굽다

日本文化

* ピクニック

　피크닉이라는 풍습은 유럽 귀족의 수렵 놀이가 번성한 것이다. 당시에는 상을 차리는 일에 노비를 배치하는 등, 야외에서 식사하는 것을 부의 상징이라고 생각하고 즐기는 경향을 볼 수 있었지만, 나중에 대중화하는 과정에서 간략화되어 가족이나 커플 내지 동료 등 소수 인원으로 즐길 때에 식기를 사용하지 않아도 먹을 수 있는 간편하면서도 '먹는다'라는 오락성을 부여한 식사가 제공되는 쪽으로 변화되어 갔다.

　일본에서는 공공 교통기관의 발달이나 대중 자동차의 보급으로, 부담 없이 자연 환경이 풍부한 교외에 나가는 것이 가능해져, 하이킹보다 가벼운 야외에서의 레크리에이션으로서 선호되어 갔다. 미국에서도 자동차의 보급은 피크닉을 즐기는 대중에게 있어서 떼어낼 수 없는 요소가 되고 있는 모습을 찾아볼 수 있다. 이른바 미니밴 등 패밀리 카 중에는 이러한 가벼운 야외 활동에 특화한 옵션을 갖추거나, 캠핑카나 그 기능을 부여하기 위한 제품도 볼 수 있다.

　비슷한 행락으로 하이킹이 있는데, 이것은 '터벅터벅 걷는다'라는 의미가 있어, 행락지까지 도보로 이동하는 것 쪽에 무게를 둔다. 피크닉에서는 이동 과정은 중요시되지 않고, 보다 순수하게 야외에서 식사나 행락을 하는 것에 중점을 두고 있다.

第20課

<ruby>総<rt>そう</rt></ruby><ruby>合<rt>ごう</rt></ruby><ruby>問<rt>もん</rt></ruby><ruby>題<rt>だい</rt></ruby>

_____に一番適当なものを一つ選びなさい。

1 結果がどうなるか、来週になればわかる_____。

① わけだ

② べきだ

③ だ

④ はずがない

2 命あるものはいつか死ぬ_____。

① べきだ

② ことだ

③ だ

④ ものだ

3 日本に行くか_____悩んでいる。

① 行くまいか

② 行こうか

③ 行かないで

④ 行っては

4 女性の料理教室_____、男性の料理教室も人気があるという。

① さえも

② に関して

③ に限って

④ に限らず

5 明日から新しい会社に勤めると思うと、不安で_____。

① たまらない

② たまる

③ 行かない

④ 行く

6 説明書の_____、組み立ててください。

① どおりに

② とおりに

③ みたいに

④ ともに

7 授業中に寝てはいけないと＿＿＿＿＿、どうしても眠くなってしまう。

① 思っていて　　　　　　② 思うことが

③ 思いながら　　　　　　④ 思わず

8 いい結果が出るかどうかは、本人の努力＿＿＿＿＿。

① ついでだ　　　　　　　② 次第だ

③ がちだ　　　　　　　　④ ばかりだ

9 おもしろい＿＿＿＿＿偶然山田君のお母さんが私のお母さんと幼なじみだったのだ。

① ことでは　　　　　　　② ことでも

③ ことには　　　　　　　④ ことなら

10 友だちが助けてくれた＿＿＿＿＿、無事にレポートを出すことができた。

① せいで　　　　　　　　② おかげで

③ かわりに　　　　　　　④ ことで

11 皆さんの意見＿＿＿＿＿、旅行日程を変えようと思っています。

① によるのは　　　　　　② にかぎっては

③ によっては　　　　　　④ について

12 したい仕事が＿＿＿＿＿が、今の安定した生活パターンを変えるのが面倒くさい。

① ないわけではない　　　② なくわけではない

③ ないわけ　　　　　　　④ なくわけなく

13 ゴミ問題＿＿＿＿＿、市民一人一人の認識が重要である。

① の対しては　　　　　　② が対しては

③ に対しては　　　　　　④ を対しては

14 田中さんは会う＿＿＿＿＿＿＿細くなっていて、心配だ。

① たびに　　　　　　　　② ことから
③ とたんに　　　　　　　④ ばかりに

15 困っている人がいたら、お互いに助け合う＿＿＿＿＿＿＿。

① つもりだ　　　　　　　② べきだ
③ ことだ　　　　　　　　④ ばかりだ

16 日本語を勉強＿＿＿＿＿＿＿難しいのは、漢字だと思います。

① したうちで　　　　　　② するうちで
③ した上で　　　　　　　④ する上で

17 このビルは彼の財産の一部に＿＿＿＿＿＿＿。

① だけだ　　　　　　　　② すぎない
③ すぎる　　　　　　　　④ ばかりだ

18 一つのマニュアルにしばられるのではなく、状況＿＿＿＿＿＿＿対処する必要がある。

① に対して　　　　　　　② に対しては
③ に応じて　　　　　　　④ に応じては

19 ディズニーランドは子供＿＿＿＿＿＿＿老若男女が楽しめるところだ。

① のみならず　　　　　　② のみが
③ だけで　　　　　　　　④ に限って

20 子供の時に、よく母に買物に＿＿＿＿＿＿＿。

① 行った　　　　　　　　② 行かさせられた
③ 行かされた　　　　　　④ 行かれた

해답
해석

第1課

●ダイアローグを読んで次の質問に答えなさい

1. 親に婚活をさせられていて、週末も休めなかったからです。
2. 結婚をするために活動することです。
3. 婚活サイトに登録させられたり、パーティーに行かされたりしました。
4. 鈴木さんといっしょに婚活パーティーに行きます。

●文型練習

1. お腹が痛いから、これ以上は私を<u>笑わせないで</u>ください。
2. 私は結婚記念日を忘れて妻を<u>怒らせた</u>。
3. 内科に行ったら、今度はレントゲンが必要だとレントゲンのお医者さんに<u>行かせられた</u>。
4. 今度の大学交流に私も<u>参加させて</u>いただけませんか。
5. この仕事は、ぜひ私に<u>やらせて</u>ください。
6. 辛さに弱い人が辛い物を<u>食べさせられる</u>と、最初は大変ですが、次第に慣れます。
7. すみませんが、ここで手を<u>洗わせて</u>いただけませんか。
8. 監督は選手に運動場を<u>走らせた</u>。

●練習問題

1 1) 婚活　　2) 活動　　3) 就活
　 4) 時代　　5) 登録　　6) 心強い
2 1) ①　　 2) ③　　 3) ①　　 4) ③
3 1) 私は一人が楽なのに、母に婚活サイトに登録させられました。
　 2) 一人で行くより心強いです。
　 3) 結婚願望はないんですか。

●ヒアリング・リーディング練習

① 結婚活動　　　　② させられた
③ させられて　　　④ 求めていくの
⑤ サービス　　　　⑥ お見合い系
⑦ 出会うということ　⑧ 理想の人
1) 結婚のための出会いを求めることです。
2) お見合い系、結婚相談所、パーティー参加型、メール交換型などです。
3) 理想の人に出会うためです。

●日本文化

婚活

婚活とは、結婚活動の略称で、結婚するために必要な活動のことだ。学生が就職活動を行うことを就活と言うように、結婚をめざして行う活動のことを指し示す言葉として、社会学者、山田昌弘氏が考案、提唱した。

その後、山田昌弘・白河桃子さんの著作『「婚活」時代』(2008年出版)を通して広く知られ、テレビや雑誌、新聞などで「婚活(婚カツ)」という言葉が使われることが多くなった。

この言葉が誕生し、広がった背景には、日本人の結婚に対する考え方が多様化し、晩婚化志向の増加など、人それぞれのあり方が重視される中で結婚が難しいものになってきたことがあげられる。

具体的な婚活として、婚活サイトに登録、婚活ブログの立ち上げ、結婚相談所に入会、婚活パートナーエージェントを通して紹介を受けたり、婚活パーティーに参加したりする、直接的なものと、料理教室に通ったり、習い事をしたりする間接的なものがある。婚活に関するテレビドラマとしては『婚カツ!』(フジテレビ・2009年)、『コンカツ・リカツ』(NHK・2009年)などがある。

● ダイアローグを読んで次の質問に答えなさい

1. 青春18切符はJRの普通列車の普通車自由席が1日乗ったり降りたり自由にできる切符です。
2. 1枚が5回分で11,500円です。
3. 1枚で5人までいっしょに利用できます。
4. 1年に3回発売されます。

● 文型練習

1. 英語はアメリカをはじめ、たくさんの国で話されている。
2. 私は老人問題について卒業論文を作成しました。
3. 学生にとって一番大事なのは勉強です。
4. 待ち合わせに2時間も遅れたから、彼女が怒ったわけです。
5. 学校はいじめ問題について調べました。
6. 昨日到着したばかりなので、こちらの様子がわからないわけです。
7. 会社にとって、彼がやめると損害になるのです。
8. あの店は和食定食をはじめ、おいしい日本料理が食べられる。

● 練習問題

1 1) 青春（せいしゅん）　2) 普通列車（ふつうれっしゃ）　3) 自由席（じゆうせき）
　 4) 販売（はんばい）　5) 同一行程（どういつこうてい）　6) 乗り換え（のりかえ）

2 1) ①　2) ④　3) ①　4) ④

3 1) 自由席が1日乗ったり降りたり自由にできる切符です。
　 2) 他の人といっしょに利用する場合には同一行程じゃなければいけません。
　 3) 乗り換えが5回あって大変ですが、のんびり電車に乗るのも、なかなかいいものですよ。

● ヒアリング・リーディング練習

① について　　　　　② をはじめ
③ 行きたい　　　　　④ 気持ちがよくなる

⑤ 行きたがるわけです　⑥ 海外旅行を通して
⑦ 学べないこと　　　　⑧ にとって

1) 気持ちがよくなるからです
2) ストレスがなくなるからです。
3) 外国の文化が学べます。
4) 良い思い出を作ることができます。

● 日本文化

青春18きっぷ

青春18きっぷとは、JR線の普通列車・快速列車が一日乗り放題（ほうだい）となる、期間限定（きかんげんてい）の特別（とくべつ）企画乗車券（かくじょうしゃけん）（トクトクきっぷ）である。「青春」「18」というと、若者向けの切符という印象（いんしょう）があるが、年齢制限（ねんれいせいげん）なくだれでも購入（こうにゅう）・利用（りよう）することができ、子供も大人も同額である。

発売額は11,500円で、5回（日）分で1枚になっている。すなわち1回分（1日分）が2,300円である。1枚を5回（人）まで利用できる。（複数人数でも利用でき、その場合には同一行程（どういつこうてい）となり、入出場の際には必ず青春18きっぷ本券が必要となる。）春休み・夏休み・冬休みに合わせて年3回発売される。

2000年代に入ってからは、おおよそ以下の日程通りとなっている。確定しているわけではなく、あくまで目安（めやす）である。「発売期間」と「利用期間（じゃっかん）」には若干のズレがあるので注意が必要である。

	発売期間	利用期間
春期	2月20日～3/31日	3月1日～4/10日
夏期	7月1日～8/31日	7月20日～9/10日
冬期	12月1日～1/10日	12月10日～1月20日

(東京―京都 普通列車 参考（さんこう）ルート・乗り換えと所要時間)

東京（とうきょう）(JR東海道本線（とうかいどうほんせん） 09:33～11:26/20駅) →
熱海（あたみ）(JR東海道本線・島田行（しまだゆき） 11:35～12:34/13駅) →
興津（こうづ）(JR東海道本線 12:42～14:13/20駅) →
浜松（はままつ）(JR東海道本線 14:29～15:02/8駅) →
豊橋（とよはし）(JR東海道本線快速 15:07～17:12/20駅) →
米原（まいばら）(JR東海道本線新快速・播州赤穂行（しんかいそく・ばんしゅうあこうゆき） 17:19～18:12/10駅) → 京都（総額（そうがく）7,980円)

第3課

●ダイアローグを読んで次の質問に答えなさい

1. 新宿の近くでは、新宿御苑が有名です。
2. 「日本さくら名所100選」に入るだけあって、鮮やかに彩られた桜のすばらしい名所です。
3. 日本では花見に行って木の下で何をしますか。
   お弁当を食べたり、カラオケをしたり、お酒を飲んだりします。

●文型練習

1. この大学は歴史が長いだけあって、伝統がある。
2. ご自身の健康問題に関しては、いつでも相談してください。
3. 日本の冬といえば、北海道の雪祭りでしょう。
4. 上海(シャンハイ)は現代と歴史が同居する街で、中国のみならず、東洋の中でも最もおしゃれな都市だ。
5. 温泉といえば、日本では別府温泉でしょう。
6. この店はさすが専門店だけあって、コーヒーの種類が豊富です。
7. 自分はパソコンに関しては、全然わかりません。
8. 当ホテルでは朝食・夕食・昼食のみならず、以下の無料フードサービスもめしあがっていただくことができます。

●練習問題

1 1) お花見(はなみ)　2) 季節(きせつ)　3) 豪華(ごうか)
　 4) 名所(めいしょ)　5) 酒類(しゅるい)　6) 禁止(きんし)

2 1) ①　　2) ②　　3) ③　　4) ②

3 1) 日本では桜の木の下でお弁当を食べると聞いたのですが……。
　 2) 頭がいい人といえば、ユンさん以外考えられないです。
　 3) みそ汁は、日本人のみならず世界中の人に飲まれています。

●ヒアリング・リーディング練習

① といえば　　　　② といえば
③ のみならず　　　④ に関して
⑤ 譲り合う　　　　⑥ 騒がないこと
⑦ ペットボトルなど　⑧ 楽しむことが

1) 春に桜の木の下にシートを広げてお弁当を持ち寄り、宴会をしながら桜を見ることです。
2) 日本人のみならず外国人にも楽しまれています。
3) ① 場所取りのときに、広すぎる場所を確保しないこと。
　 ② 大声で騒がないこと。
　 ③ 必ずゴミを持ち帰ること。

●日本文化

お花見

花見とは主に花を鑑賞(かんしょう)し、春の訪(おとず)れを祝(いわ)う慣習(かんしゅう)で、日本の場合、多くは開花した桜の下で行われる宴会のことを指し示す。

桜は日本全国に広く見られ、春の一時期に一斉(いっせい)に咲き、わずか2週間足らずという短い期間で散るため、毎年人々に強い印象を残し、日本人の春に対する季節感を形成する重要な風物(ふうぶつ)になっている。

花見は奈良時代(ならじだい)の貴族(きぞく)の行事(ぎょうじ)が起源(きげん)だと言われている。奈良時代には中国から伝来したばかりの梅が鑑賞されていたが、平安時代(へいあんじだい)には桜に変わった。その存在感の移り変わりは歌にも現れており、『万葉集(まんようしゅう)』において桜を詠んだ歌は40首、梅を詠んだ歌は100首程度だが、平安時代の『古今和歌集(こきんわかしゅう)』ではその数が逆転する。また「花」といえば桜を意味するようになるのもこの頃からである。

「日本さくら名所100選」は、財団法人日本さくらの会が1990年に、全国各地の桜の名所から100か所を選定したものである。東京では次の5ヶ所が該当する。
上野恩賜公園(うえのおんしこうえん)(台東区(たいとうく))、新宿御苑(しんじゅくぎょえん)(新宿区)、隅田公園(すみだこうえん)(墨田区(すみだく))、小金井公園(こがねい)(小金井市(こがねいし))、井の頭恩賜公園(いのかしらおんしこうえん)(武蔵野市(むさしのし))

第4課

●ダイアローグを読んで次の質問に答えなさい

1. 学生のコンパやサラリーマンなどの懇親会の二次会の会場としてよく利用されています。
2. 歌いながら食べると料理がさらにおいしい気がするからです。
3. 安いところは平日1時間一人10円で、休日は50円です。

●文型練習

1. 私が今まで見た限り、妹ほど早口な人はいない。
2. 私はストレスがたまったら、食べずにはいられない。
3. 私にはどうしてもあきらめきれない夢があります。
4. 冬期限定食だが、寒いからこそなべ料理だ。
5. 私は記憶にある限り、風邪をひいたことがない。
6. 嫌いになったから別れるのではなく、愛するからこそ別れる。
7. ニュースでは伝えきれない真実が隠れている。
8. この小説は読む人に感動を与えずにはいられない。

●練習問題

1. 1) 種類　2) 豊富　3) 懇親会
   4) 会場　5) 休日　6) 平日
2. 1) ①　2) ②　3) ②　4) ③
3. 1) 学生のコンパやサラリーマンなどの懇親会の二次会の会場としてよく利用されます。
   2) ドリンクの種類も豊富で、料理も居酒屋並みにあると聞きました。
   3) 食べたり、歌ったり忙しそうですね。

●ヒアリング・リーディング練習

①みんなの知っている歌　②ノリの良い曲
③面白い曲　④歌うからこそ
⑤盛り上がる　⑥歌いきれない
⑦楽しめなかった　⑧行くのなら
1) 「みんなの知っている歌」、「ノリの良い曲」、「面白い曲」など人それぞれの曲を選びます。
2) 「ノリの良い曲」です。
3) 雰囲気を壊してしまいます。

●日本文化

カラオケボックス

カラオケボックスの料金は利用人数と時間帯に応じて請求されるのが一般的で、午後6時以降一人一時間あたり500円前後が相場である。(一人ずつ料金が課金されることに注意。)一般に利用客の多い時間帯(午後6時～午前0時)や休日が高く、それ以外の平日の6時頃までは割安な店が多い。フリータイムといって時間無制限のコースも用意されている。

また、ワンドリンク制といい、入室時にまず1杯ドリンクを何か注文しなければならないところもある。ワンドリンクはだいたい400円前後からで、飲み放題は500円前後で、その場合はたいてい「平日夕方までなら、1時間一人10円、休日は50円」というように室料が安めになっている。持ち込みOKのところもある。

カラオケボックスも進歩し、次のように様々なところがある。ドリンクの種類が豊富で、料理も居酒屋並みにあるところ。会員登録して自分の歌本が作れるところ。コスプレしてなりきって歌えるところ。ひとりで行って、歌を練習したり、楽しんだりすることを「ヒトカラ」と言うが、「ヒトカラ支援」と言って、履歴や採点表をくれるところ。パーティ仕様に作られたところ。校歌や社歌やオリジナル曲をカラオケ曲として配信できるところ。等々。

第5課

●ダイアローグを読んで次の質問に答えなさい

1. 学生割引は基本的にあり、女性に限り割引をするレディースデーがあります。また、平日朝1番のモーニングファーストショーもあります。
2. 1000円で、週1回あります。

3. 平日朝1番の上映が1000円になるサービスです。
4. シネマ・コンプレックスの略です。

● 文型練習

1. 雨が降りだしたのに、こんなときに限って、かさを持って来なかった。
2. 中国製は韓国製に比べて値段が安いが、品質的にはどうだろう。
3. 肥満は健康には良くないと言われますが、太っているおかげで、命が助かった男性がいるそうです。
4. ありがたいことに、私には家族と友達がいる。
5. 試験の結果が良いおかげで、奨学金がもらえる。
6. 彼女は今まで遅れることがなかったが、その日に限って、何時間待っても現れなかった。
7. 今のお住まいは以前のところに比べて、入った瞬間気持ちよくなりますね。
8. おもしろいことに、人間はなわばりを作る習性がある。

● 練習問題

1 1) 割引   2) 実施   3) 上映
  4) 大型   5) 略   6) 郊外

2 1) ③   2) ②   3) ③   4) ①

3 1) 学生割引は基本的にあり、女性に限り割引をするレディースデーがあります。
  2) 午前中の1回目の上映が1000円になるものですよね。
  3) シネコンにはいろいろな割引制度がたくさんありますよね。

● ヒアリング・リーディング練習

① マナーについて   ② シネコン
③ に比べて   ④ もらいたい
⑤ 映画上映中   ⑥ ことに
⑦ 違反をする人   ⑧ 嫌な気持ち

1) 週末のシネコンで多く見られます。

2) 携帯電話をマナーモードにするとか、おしゃべりをしないとか、席を立たないとか色々あります。
3) 嫌な気持ちになります。

● 日本文化

映画館

1980年代後半以降、シネマコンプレックス(シネコン)と呼ばれる、複数のスクリーンを持つ大型映画館が増えてきた。ショッピングモールなどと併設して郊外に建設されるケースが多い。

多くの映画館の大人料金は1人1800円だが、「映画の日」(本来の記念日としては12月1日だが、現在では多くの都道府県において毎月1日に拡大されている。)や「シニア割引」など、様々な割引制度が実施されている。

「学生割引」は基本的にあり、女性に限り割引をする「レディースデー」がある。レディースデーは1000円で、だいたい週1回、水曜日になることが多い。男性に限り割引をする「メンズデー」はレディースデーに比べてあまり実施されていない。その他の割引には午前中の1回目の上映が1000円になる平日朝1番の「モーニングファーストショー」や月に1回「カップルデー」のあるところもある。

それから、「レイトショー」と言って、午後8時以降の割引や、「ハシゴ割引」と言って、同一映画館で、1日に2度以上入場する場合に、2度目の入場料を割り引く制度もある。

最後に「会員証割引」は、会員証やスタンプカードを提示するだけで割引が適用される制度として多くの映画館で行われている。

第6課

● ダイアローグを読んで次の質問に答えなさい

1. 個人レッスンを受けました。また「マイボール」や「マイシューズ」も準備しています。
2. ボウリングは男女を問わず、行える手頃な集団レクリエーション・ゲームです。

3. あまり経験の無い人も参加しやすい性質を持っています。

4. はい。

●文型練習

1. ドラゴンボールは、世代を問わず、高い人気を誇る日本のアニメです。

2. 激やせというほどではないが、以前と比べるとやつれた様子をしている。

3. 地図やガイドマップは、だれにでも分かるように作ったほうがいい。

4. 彼こそ今、最も海外で注目されている韓国人アーティストにほかならない。

5. みなさんが道路を安全に安心して使えるようにいつもパトロールする。

6. これは、年齢、性別を問わず、自由に着こなすと個性が出せるようなデザインだ。

7. ここでやめるのは失敗を認めることにほかならない。

8. 旅行というほどではないが、ちょっと出かけてみたいと思う。

●練習問題

1 1) 得点（とくてん）　2) 種目（しゅもく）　3) 是非（ぜひ）
　　4) 手頃（てごろ）　5) 性質（せいしつ）　6) 勇姿（ゆうし）

2 1) ①　　2) ①　　3) ③　　4) ①

3 1) すごいですね。ボウリングはいつも遊びでしていたので、ちょっとびっくりしました。
　　2) ちょっと熱く語りすぎてしまいました。
　　3) あまり経験の無い人も参加しやすいですから。

●ヒアリング・リーディング練習

① 女性だから　② を問わず　③ 分かれば
④ ボールのコントロールを良くすること
⑤ ボールのスピードを上げること
⑥ ボールを回転させて、パワーを上げること
⑦ にほかならない　　　⑧ ボール選びから

1) 気をつけるべきポイントが分かっている人です。

---

2) ①ボールのコントロールを良くすること。
　　②ボールのスピードを上げること。
　　③ボールを回転させて、パワーを上げること。

3) 努力しなければなりません。

●日本文化

ボーリング場

日本では1861年6月22日に、長崎（ながさき）の大浦居留地（おおうらきょりゅうち）に初めてのボウリング場「インターナショナル・ボウリング・サロン」が開設された。これを記念して、現在6月22日はボウリングの日とされており、その日限定で割引（わりびき）サービス等（など）をやっているボウリング場もある。

現在もスポーツ人口が増えており、国民に最もなじみの深いスポーツの1つである。また、アジア競技大会（かい）の正式競技種目（せいしききょうぎしゅもく）であり、スポーツ競技と定義されているが、男女問わず、身近（みぢか）な集団（しゅうだん）レクリエーション・ゲームとしても普及（ふきゅう）しており、あまり経験の無い人でも参加しやすい性質を持っている。

ボールやシューズにはボウリング場に準備されている「ハウスボール」「ハウスシューズ」と、個人が購入（こうにゅう）して所有する「マイボール」「マイシューズ」がある。「マイボール」は重量はもちろん、各指穴（かくゆびあな）の大きさ、各指穴の角度、指穴間（かん）の距離（きょり）等、ボウラー個々（ここ）の手に合わせて穴が開けられる。プロや本格派はボールを複数個、準備して用途（ようと）（練習用や試合用、またレーンコンディション別など）によって使い分ける。

第7課

●ダイアローグを読んで次の質問に答えなさい

1. なべパーティーをします。
2. 鈴木さんの家へ行きます。
3. なべを食べます。
4. 飲み物を持っていきます。

●文型練習

1. 先に出発したくせに何で1時間も遅く到着したの。

2. 有名なホテルといっても、駅から遠いと不便だ。

3. 道路での試験に合格することによって、やっと自動車を運転することができる。

4. 家族のかわりにビデオ録画を行うことは、まったく著作権の問題がない。

5. 外国語、特に会話の発音は、最初だれから習うかによって違う。

6. 彼は男のくせにそんな細かいことまで気にする。

7. アナウンサーになりたいといっても、何を準備したらいいのか分からない。

8. 許してもらうかわりにおごることにした。

● 練習問題

1 1) 参加者　2) 次第　3) 材料
4) 囲む　5) 感じられる　6) 道路

2 1) ①　2) ④　3) ③　4) ①

3 1) 参加者みんなで材料を持ち寄るのですが、何を持ってくるかによって、どんな鍋になるかが決まります。

2) どんななべでもみんなでなべを囲めば、おいしく感じられそうですね。

3) みんなの好みに気を使ってくださるとは、さすがミンさん! それでは土曜日に会いましょう。

● ヒアリング・リーディング練習

① 野菜や肉、魚　　② そのまま
③ 様々な種類　　④ 地域によって
⑤ なべを囲み　　⑥ 締めとして
⑦ 締めといっても　⑧ 関係を築こう

1) なべの中に野菜や肉、魚などさまざまな材料を入れて調理し、そのなべをそのまま食卓に出す料理のことです。

2) 雑炊です。

3) 冬になべ料理を食べてあたたまったり、親しい人、あるいは親しい関係を築こうとする人となべを囲んでコミュニケーションを深めたりすることができるので人気が高いです。

● 日本文化

なべパーティー

寒い季節の定番料理といえば、やはり「なべ」だ。体が芯から温まり、野菜もたっぷり食べられ、皆で1つのなべを囲むことで楽しい会話が弾む。

「〇〇なべ」というときは、なべの種類名称である場合と、なべを使って食卓上で作る煮物料理(なべ料理)の名称を指す場合がある。行平なべ、中華なべ、圧力なべ等は前者の場合であり、海鮮なべ、寄せなべ、ちゃんこなべ、かもなべ、あんこうなべ、牛なべ等は後者の場合である。なべという言葉がつかなくとも、なべ料理の一種として有名なものに、すき焼き、しゃぶしゃぶ等がある。

日本人は以前から、なべ料理を好んでいたが、最近は「なべパーティー」と言い、家族、親戚、友人たちと楽しく交流しようという傾向が強まっている。

たらちり、石狩なべ、かきなべなど日常の食卓にはたくさんのなべ料理があるが、いつものなべに飽きたら、自分達で工夫し、洋風のなべ料理に挑戦する人々もいる。ビールはもちろんのことシャンパンやワインとも相性がいい。いつもとひと味ちがった華やかな雰囲気が楽しめる。家族や友達と、温かくて楽しいなべパーティーを楽しんでみよう。

第8課

● ダイアローグを読んで次の質問に答えなさい

1. インターネットカフェのことです。

2. インターネットをするついでにマンガを読むこともできます。またドリンクが飲み放題です。

3. インターネットカフェで生活している、不景気で家を手放さざるをえなかった人々です。

● 文型練習

1. いくら体の調子が悪いといって、欠席をこれ以上許すわけにはいかない。

2. たとえ交通が便利でも、近くにスーパーがないと

不便だ。

3. 今回東京へ出張に行くついでに、ディズニーランドへ行ってくるつもりだ。

4. 世界には戦争でふるさとを離れざるをえない人々がたくさんいる。

5. パーティーに行きたいからといって、仕事に行かないわけにはいかない。

6. たとえお金があっても、暇がないと遊びには行けない。

7. 今からちょっと出かけてくるついでに夕御飯を食べてくる。

8. 親は子供に何があっても責任があるといわざるをえない。

● 練習問題

1 1) 難民（なんみん）　2) 不景気（ふけいき）　3) 新た（あらた）
   4) 一面（いちめん）　5) 手放す（てばなす）　6) 簡易（かんい）

2 1) ③　　2) ②　　3) ③　　4) ①

3 1) そうですね。インターネットカフェ難民もいますし。
   2) のどが乾いていなくても 飲まないわけにはいきませんよね。
   3) 親が決めたことだから、いやでもアメリカへ留学に行かざるをえなかった。

● ヒアリング・リーディング練習

① たとえ　　　　　　② 行くのはなぜでしょう
③ 挙げられるのは　　④ 暇つぶし
⑤ するついでに　　　⑥ 図書館に代わる
⑦ 大変注目を集めて　⑧ 店舗によって

1) 漫画を読みに行ったり、暇つぶし、休憩などです。
2) インターネットをするついでに何かできるということです。
3) デートスポットとして利用されています。

● 日本文化

インターネットカフェ

インターネットカフェ(Internet cafe)とはインターネッ

トに接続されたパソコンを有料で利用できる施設のことである。「ネット喫茶」「ネットカフェ」「ネカフェ」等様々な名称で呼ばれている。

従来から人気のあった漫画喫茶の付属設備のひとつとしてインターネットが利用できるパソコンの導入が進められた。

自宅にパソコンを所有しなかったり、あるいは故障中であったり、ネット常時接続環境を導入していなかったり、または旅行中や外出中の人々が気軽にネット環境が利用できるのがインターネットカフェだ。それとともにオンラインゲーム対応パソコンの導入により、従来の漫画喫茶のマンガ単行本・雑誌と並ぶ集客のコンテンツとして人気が定着した。多くの企業は新規ビジネスとして漫画とインターネットを複合させたインターネットカフェをチェーン展開した。

その後、消費者ニーズの高まりを受けて大都市から地方都市への出店と変化し、インターネットカフェはアミューズメント施設として一般的に認知される存在となった。

近年、経済不況とともに、家がなくインターネットカフェを生活の拠点としている「ネット難民」と呼ばれる人々の出現などが問題となっている。

第9課

● ダイアローグを読んで次の質問に答えなさい

1. 車を買ったからです。
2. 清水の舞台から飛び降りるような気持ちで買いました。
3. 今週末、箱根へ行こうとしています。

● 文型練習

1. あんなにひどい目に合ったにも関わらず、また同じことをやろうとする。
2. 祖母は、祖父がなくなってから毎日悲しくてたまらないみたいです。
3. 戦争は、相手を大切に思う気持ち次第で、なくすことができる。

4. 真夏日が続き、外は暑くてたまらないですが、皆さんお元気でしょうか。

5. 風邪には、お風呂でさっと温まって、湯ざめしないうちに寝るのがかなり効果的です。

6. 1時間も早く家を出たにも関わらず、自転車で来た人よりも遅く着くなんて……。

7. 私が知らないうちに、ある人から悪口をたくさん言われているみたいだ。

8. 次回の計画につきましては、決定次第、お知らせいたします。

●練習問題

1　1) 中古車　　2) 舞台　　3) 若者
　4) 自立　　5) 興奮　　6) 近郊

2　1) ①　　2) ③　　3) ②　　4) ①

3　1) 清水の舞台から飛び降りるような気持ちでしたよ。

　2) 免許を取ったのは3年前で、今までは父の車に乗っていました。

　3) 私は箱根温泉にぜひ行ってみたかったんです。

●ヒアリング・リーディング練習

① うれしくてたまらない　　② 次第
③ 過ごしやすい　　④ 関東エリア
⑤ 忘れてはいけない　　⑥ ゆっくり過ごす
⑦ のついでに　　⑧ 満喫してみる

1) ドライブ旅行です。
2) 箱根を紹介しています。
3) 日帰り温泉をするのが良いと言っています。

●日本文化

エコドライブ

エコドライブとは、一言で言うと「環境に配慮した自動車の使用」のことであり、やさしい発進を心がけたり、無駄なアイドリングを止める等、燃料の節約に努め、地球温暖化に大きな影響を与える二酸化炭素（CO_2）の排出量を減らす運転のことを言う。
京都議定書による日本の温室効果ガス6%削減達成のため、地球温暖化対策推進本部が設けられ、国民全てが一丸となって取り組む国民運動（愛称「チーム・マイナス6%」）が推進されているが、この中の「6つのアクション」の一項目として、「エコドライブをしよう」が掲げられている。
その中の『エコドライブ10のすすめ』の項目は、以下のとおりである。

1. ふんわりアクセル『eスタート』
2. 加減速の少ない運転
3. 早めのアクセルオフ
4. エアコンの使用を控えめに
5. アイドリングストップ
6. 暖機運転は適切に
7. 道路交通情報の活用
8. タイヤの空気圧をこまめにチェック
9. 不要な荷物は積まずに走行
10. 駐車場所に注意

第10課

●ダイアローグを読んで次の質問に答えなさい

1. 社員旅行のことで、悩んでいます。
2. チョンさんに日本を見せたいということで、先輩たちがチョンさんを幹事にしました。
3. みんなの意見を集めたところで、多様な意見が出てしまって、かえって決められないとアドバイスしました。
4. 露天風呂はたくさんありますが、混浴はあまり多くありません。

●文型練習

1. 来週チェさんの誕生日なのに、プレゼントどころか、そのことを忘れていた。
2. このパーティーに招待したところで、パクさんは絶対に来ないと思いますよ。
3. 別に予定があるわけではないのですが、うちでゆっくりしたいです。
4. 田中さんの奥さんは、やさしいどころか鬼のよう

な人だ。

5. 桜の季節かと思っていたら、もう、散ってしまうんですね。

6. 匂いが消えたわけではないのに、窓を開けずによく我慢できますね。

7. そんなに悲しんだところで、死んだ人が生き返るわけではない。

8. 彼と別れてもう二度と逢えないかと思うと胸が張り裂けそうです。

●練習問題

1 1) 温泉　　2) 幹事　　3) 告示
　　4) 無難　　5) 硫黄　　6) 水質

2 1) ③　　2) ①　　3) ④　　4) ②

3 1) もうそろそろ旅行の告示をしないといけないのに……。
　　2) 社員旅行ですからみんなの意見を反映したいんです。
　　3) 混浴はあっても若い人はほとんど入りません。

●ヒアリング・リーディング練習

① わけではないです　　② 休めるために
③ 行こうかと思って　　④ まずは
⑤ 入浴するという　　　⑥ 次に
⑦ 繰り返す　　　　　　⑧ 上がり湯はせず

1) 温泉に行くのが良いです。
2) 汗や汚れを落としてから入浴するというマナーと、お湯の温度と成分に体を慣らす意味があります。
3) まず、かけ湯をして半身浴でゆっくりと湯船につかり、出たり入ったりするというのを2・3回繰り返し、そして、最後に上がり湯はせず、入浴後には水分補給をするのが良いです。

●日本文化

温泉

日本は火山が多い国であり、昔から火山性の温泉が多かった。当初より温泉は病気や傷治療に効能がある場所であった。

各温泉地の起源伝説には鹿、鶴、白鷺などの動物が傷を治癒した伝説や、弘法大師など高名な僧侶が初めて温泉を見つけたと言う伝説もある。

また文献によれば、「日本書紀(720年完成)」、「続日本紀(797年完成)」、「万葉集(7世紀後半から8世紀後半頃編纂)」に有馬温泉(現在の兵庫県)、白浜温泉(和歌山県)、玉造温泉(島根県)、道後温泉(愛媛県)などを天皇が利用したと記述されている。

江戸時代((1603-1868)には温泉を「町人湯」と「侍湯」に区別して使った。それから温泉は一般庶民にも愛用されるようになったが、この時代から一般庶民たちに農閑期を利用して治療目的や疲労回復、健康増進をはかるために温泉を訪ねる風習が生ずるようになった。江戸時代からできたこのような温泉治癒風俗は現在までもずっと残っている。

第11課

●ダイアローグを読んで次の質問に答えなさい

1. カフェに行きます。
2. 伝統を守りながらも、最先端を行くカフェです。
3. 2千円です。

●文型練習

1. 先輩の話によると、山本さんは世界で有名な自動車会社の社長になったそうです。
2. 良くないと思いながらも、上司の顔色を見て仕事をしてしまいます。
3. シャツの色に応じて、ネクタイの色も合わせたほうが格好良いですよ。
4. ついに明日から連休だ。この日をどれほど待ち望んだことか。
5. 毎日忙しいと言いながらも、兄は毎晩お酒を飲んで帰ってきます。
6. 必要に応じて気軽に健康相談ができ、自宅まで診療に来てくれる、専門的な医療が必要です。
7. ある調査によると、子供の肥満が年々増え続けているそうです。

8. トイレからあなたが出てくるのをどれだけ待って
   いた<u>ことか</u>。もう少しで危ないところだった。

1 1) 憧れる 2) 最先端 3) 内装
  4) 和風 5) 十分 6) 予算

2 1) ② 2) ③ 3) ③ 4) ②

3 1) 内装が和風で、料理はフレンチ?

  2) 時間は十分あると思いますよ。

  3) そうですね。明日はカフェに合うように、おしゃ
     れして来ますね!

● ヒアリング・リーディング練習

① 憩い   ② おしゃべり

③ お店によって   ④ 違うように

⑤ ながらも   ⑥ ゆとりみたい

⑦ に応じて   ⑧ 変えること

1) 休憩や憩い、雑談やおしゃべり、人との待ち合わ
   せ、おいしいコーヒーやお茶を飲むことです。

2) お店の内装や雰囲気が違うと言っています。

3) その日の目的や気分です。

● 日本文化

カフェ

カフェ(仏café)は、本来コーヒーの意味であり、転じ
て、コーヒーなどを飲む飲食店を意味する。伝統的
にはヨーロッパの都市に見られるある種の飲食店を
意味し、パリやウィーンのものが知られている。
2000年代より日本では現代のカフェブームが起こっ
た。それはスターバックスの成功に影響を受けてい
ると言えるだろう。
スターバックスは1996年8月2日、東京銀座に、北
米地区以外では初めてとなる、日本1号店を出店し
た。チェーン店でありながらもセンスのあるメニュー
・洗練された雰囲気・ヨーロッパ風のオープンテラス
の併設などから大きな人気を呼んだ。当時の喫茶
店としては珍しく、店内を全面禁煙にしていたことも
特徴であり、喫煙する客のために、屋外のオープン
テラスは喫煙可としている。特に女性層を中心に人
気を博し、日本のカフェブームが進むきっかけとなっ
た。
その後、外資系や国内系、様々な企業が競ってカフェ
事業に参入しており、各々1号店を銀座で開店す
ることにより、銀座はカフェの激戦地となり、カフェブ
ームを全国へと広げる舞台にもなっていった。

第12課

● ダイアローグを読んで次の質問に答えなさい

1. 農業をしました。
2. 食べ物に不信感を持っているからです。
3. 業者が管理を手伝ってくれます。
4. きゅうりがなっているのを見ました。

● 文型練習

1. 「何故会社を辞めたのか」とよく問われるが、新
   しいことにチャレンジしてみたいからと言う<u>ほか
   ない</u>。

2. 子供の頃、僕のおばあさんも会う<u>たびに</u>、昔話を
   した。

3. そのような闇に閉ざされた人を助けたのは、奇
   跡としか<u>言いようがない</u>。

4. B型<u>に対して</u>は、互いに干渉しないことが関係
   を持続するコツです。

5. 社長がこないのなら、会議を始め<u>ようがない</u>で
   すね。

6. 私が商品を並べる<u>たびに</u>、別の店員が邪魔しに
   くる。

7. あなたが今まで以上に幸せになりたいのなら、
   今の恋人と別れる<u>ほかない</u>です。

8. この車を作った会社<u>に対して</u>、問題があるところ
   を直すメールを早く送りましょう。

● 練習問題

1 1) 農業 2) 産地 3) 人一倍

4) 郊外　　　5) 植物　　　6) 業者

2 1) ④　　　2) ②　　　3) ③　　　4) ①

3 1) 実は、父が週末農業に凝っていて、私もつれ
　ていかれました。

2) 最近、食べ物への不信感が強くなっているで
しょう?

3) 子供の教育にもよさそうですね。

●ヒアリング・リーディング練習

① たびに　　　　　② 畑仕事
③ に対して　　　　④ マイナスイメージ
⑤ 始めようと　　　⑥ 無理せず
⑦ 住みながら　　　⑧ 守ることが

1) 食の安全や身近な自然への関心が高まったと
言っています。

2) 週末だけ畑仕事を楽しむ人が増えてきていま
す。

3) 自宅で「庭やベランダでする週末農業」や「室
内でする週末農業」です。

●日本文化

週末農業

一般的に農業というと「ご年配」の仕事というイメー
ジがある。しかし、近年では都市近郊における20代
～50代の就農率が高くなっており、若年層が貸農
園を申し込むケースも増えている。

農業を始めたい、都会に住みながら農業もしてみ
たい、このような要望を持ち、初めは週末1日の農業
から始めるのである。

昔と違い、農業ライフスタイルも大きく変わり、24時
間365日忙しいということはない。野菜の育つスピ
ードはとてもゆっくりで、週末1日で野菜作りなど、だ
れでも気軽に行える。農業は現在ではとてもやりが
いのある、楽しい仕事になってきている。

そこで、まず農地の確保が必要だが、都市では取得
が難しく、また維持費が多くかかる。

それでおすすめなのが「市民農園」である。

各市区町村単位で、在住者(一部では非在住者も
可)を対象に、年に1～2度募集している。料金も「年

額無料～1万円程度/1区画」のように比較的手ご
ろである。農業体験は自宅の近くで、こまめに成長
の観察ができることも楽しみの一つである。また、市
民農園には、滞在型の施設もあり、余暇に農業体験
をしながら、郊外の施設で過ごすこともできる。

第13課

●ダイアローグを読んで次の質問に答えなさい

1. 難しい企画を引き受けてしまったからです。

2. マッサージに誘いました。

3. 帰って寝てしまったら企画の締め切りにおくれま
いかと気になってしまうからです。

4. 肩が痛いからです。

●文型練習

1. 高級レストランにとっては、携帯電話の呼び出し
音は、せっかくの雰囲気を台無しにしかねない。

2. 残念ですが、二度とこのお店では日替わり定食
を食べるまいと思いました。

3. 某ブランドの時計を買いに行ったのですが、他
の時計屋に入ったばかりに他のものを買ってし
まった。

4. 何も考えないで約束をすればするほど、忙しくて
自分のことが何もできなくなりますよ。

5. クォンさんは、ロトがあたったばっかりに、その後
に人生はあまりいいものではなくなってしまった
そうです。

6. 彼女の美しさを言い表すのにこれほどふさわし
い言葉は他にはあるまい。

7. 住めば住むほど、知人が増えて、よくその知人に
町の中で会う。

8. 部長は、無理なことを言いかねない人だから、一
緒に仕事をしたくない。

●練習問題

1 1) 引き受ける　2) 企画　　3) 能率
　4) 処理　　　　5) 悪循環　6) 陥る

2 1) ②   2) ③   3) ③   4) ①

3 1) コンピュータの前に毎日10時間以上も座って
いますからね。

2) 結局終電まで残業してしまうんです。

3) いやされに行くのに、緊張してどうするんです
か!

● ヒアリング・リーディング練習

① 和らげたい   ② 行われるように

③ 受ければ受けるほど   ④ 体がほぐれた

⑤ リラックス   ⑥ かねない

⑦ 忘れないように   ⑧ もらうことが

1) 医療だけではなく、様々な健康増進の目的で行
われています。

2) 身も心もリラックスする効果があります。

3) マッサージをしてもらうときには必ず相談をした
方が良いと言っています。

● 日本文化

マッサージ

マッサージにはリンパ・静脈循環を促進する効果が
ある。現在、医療だけではなく、美容や健康増進目
的で行われている。運動前後に筋肉をほぐす為に
マッサージをすることも多い。

日本においては元々「あんま」が用いられてきたが、
明治時代に軍医がフランスのマッサージを視察・研
究し、その後、日本にマッサージが医療法の一つと
して導入された。

マッサージの種類には、次のようなものがある。

● **スポーツマッサージ**：スポーツ選手または、スポ
ーツ愛好家に対するマッサージ。

● **クイックマッサージ**：短時間で効果をあげるマ
ッサージ。10分・15分等の施術時間が主流。

● **足ツボマッサージ**(リフレクソロジー；足裏反射療
法)：足裏のツボ(もしくは身体各部位の反射区)
を刺激するマッサージ。

● **エステマッサージ**：主にエステティックに伴うマッ
サージ。エステティック店に勤務するあんまマッサ
ージ指圧師が施術する。

● **アロママッサージ**：エステマッサージのサービス

コースで、アロマセラピーを併用したマッサージ。

● **フェイスマッサージ**：エステマッサージのサービ
スコースの1つで顔を中心に施す。

第14課

● ダイアローグを読んで次の質問に答えなさい

1. ゲームセンターに行って、ユーフォーキャッチャー
で取ったからです。

2. オーさんと行きました。

3. 主に格闘系のゲームをします。

4. 太鼓のゲームを勧めました。

● 文型練習

1. 好きなものをたくさん食べたいという気持ちに反
して、無理する必要はないと思うよ。

2. イケメンという言葉を安易に使うあまり、本当に
美しくないものにまで、イケメンという言葉を当て
はめてしまう。

3. 時が流れ、テレビが安くなるにつれ、それは一家
で見るものになった。

4. お値段が手頃だったこともあり大きな期待はし
ていませんでしたが、その予想に反して大満足
でした。

5. 佐藤さんの趣味は音楽を聴くことに限らず、映画
を見ることや旅行することなどたくさんあります。

6. 姉は、年をとるにつれ話す内容が増えているが、
ぜんぜん面白くない。

7. 私の先生はコーヒーが大好きで、飲みすぎるあま
り夜よく眠れないと話していました。

8. 日本も北海道に限らず、寒い地方では暖をとる
ために暖房器具を使用します。

● 練習問題

1 1) 少女   2) 腕が上がる   3) 格闘
4) 太鼓   5) 銃   6) 姿

2 1) ③   2) ④   3) ③   4) ④

❸ 1) 意外に少女趣味なんですね。

2) 踊るゲームもあるし、太鼓をたたいたり、銃を打ったりもします。

3) 人だかりができるかもしれませんよ。

● ヒアリング・リーディング練習

①ゲーム機　　　　②格闘ゲーム

③メダルゲーム　　④ 予想に反して

⑤に限らず　　　　⑥やっぱり

⑦十分に楽しめる　⑧気楽に行く

1) UFOキャッチャー、格闘ゲーム、音楽ゲーム、レースゲーム、メダルゲームなどいろいろあります。

2) ゲームセンターに限らず、家でもゲームができます。

3) 雰囲気だけでも十分に楽しめるようなゲームセンターです。

● 日本文化

ゲームセンター

「ゲームセンター」(game center)という呼称は和製英語で、以前から慣用的に使われているが、日本の業界ではこの呼称を避けて「アミューズメント施設」と呼ぶこともある。英語ではamusement arcade, game arcade, video arcadeなどという。略して「ゲーセン」とも称される。

機械本体は1プレイごとに料金を徴収するのが一般的である。金額は地域、店舗、ゲームの種類等により差があるが、一般的には10円～500円程度。筐体に直接硬貨を投入する場合がほとんどであるが、事前にメダル貸出機でメダルに替え、そのメダルを使用するメダルゲームや、プリペイドカードや電子マネーを用いるものもある。

　これらアミューズメント機器を設置する施設の運営は風俗営業法に従って行われているため、全国共通で18歳未満は22時以降の入店禁止の制限が設けられている。それと同時に、各都道府県の条例により16歳未満、または18歳未満の入店制限時間を別に設定している(17時まで、18時まで、19時まで、20時まで、日没まで、のように別れている)。紙幣

を投入できる機構を備えたゲーム機を製造及び設置することは違法であるため、紙幣を直接使用できるゲーム機は日本国内には存在しない。

第15課

● ダイアローグを読んで次の質問に答えなさい

1. バーゲンの初日です。

2. 新しいスーツを買いたいです。

3. 雑誌から得ています。

4. 掘り出し物を探すのが楽しいと言っています。

● 文型練習

1. 彼が学校に行ったにしても行かなかったにしても、私には関係ない。

2. 会社の電話で私用の電話をするべきではないね。

3. 曲を作るにしろ本を書くにしろ物を作り出すときはすごいストレスがたまるらしい。

4. 最初は、課題は自宅のパソコンではなく大学のパソコンでやるべきだと思いました。

5. ひたすら勉強するにしろ、クラブ活動に打ち込むにしろ、君の勝手だ。

6. 犬にしても猫にしてもマンションではペットを飼ってはいけない。

7. 多数が現在の状況には満足しているものの、将来に不安を抱いていることが分かった。

8. 彼はお金と権力あるものの、独り暮らしでいつも寂しがっている。

● 練習問題

❶ 1) 初日　　2) 手が出ない　　3) 情報
　　4) 鏡　　5) 流行　　6) 掘り出し物

❷ 1) ③　　2) ④　　3) ②　　4) ④

❸ 1) 高くて手が出なかったんです。

2) 新しいものやお得なものに目がないんです。

3) 特にバーゲンには掘り出し物がありますから。

① つなげたショッピングモール　② 通じて
③ 買うにしろ　　　　　　　　　④ 買うにしろ
⑤ ネットショッピング　　　　　⑥ いるものの
⑦ 続けたい　　　　　　　　　　⑧ イメージがある

1) インターネットを通じて買い物をする人です。
2) 品質・デザインが良くて安いものが良いという人が多いことです。
3) 個人情報の流出です。

● 日本文化

ショッピング

現在、ショッピングは一種のレジャー(娯楽ないし趣味)として認識される傾向が増えている。その背景には、サービスにせよ品物にせよ、特定の店舗にある商品が季節や流行、あるいは時間帯によってすら常にそこに決められた物しかないわけではなく、絶えず変化しているという理由があるからだといえる。そういった行楽要素が強調された様式として、見るだけで買わない「ウィンドウショッピング」と呼ばれるものがある。
コンビニエンスストアやスーパーマーケット程度では余り行楽要素が重要視されない傾向が強く、日常の用に足す食料や生活雑貨(消耗品・衛生用品)といったものしか購入されないが、百貨店などともなると行楽要素も強まり、また商店街(ショッピングモール)のように特に行楽要素を重視した店舗が立ち並ぶ傾向も見られる。その一方で100円ショップなどでも「特別に何を買うという目的も無く」見て回る事を楽しむ者もおり、同種業態ではそういう需要にあわせてバラエティ雑貨に特化した店舗も見られる。
また、近年は安価なものを購入しようとアウトレットモールに行く人々も増えている。

第16課

● ダイアローグを読んで次の質問に答えなさい

1. 陶芸の体験レッスンに誘いました。

2. 簿記の学校に通っています。
3. 中学生の時です。
4. 何かを習うことができることと、新たな出会いもあることです。

● 文型練習

1. ある男性が頭のかゆみを止める塗りぐすりで中毒になって死にかけるという事故を起こした。
2. 今では小学生さえインターネットの掲示板の管理人になれる時代だ。
3. 歌舞伎を通して日本伝統文化が分かると思います。
4. 連休の日曜日に家族で外食に出かけたが、人混みでどの店に入っていいのかさえ分からなくなった。
5. 仕事の経験を積んだ上で、その後の活躍に活かしていただきたいと思っております。
6. 注意して聞くことを通して、次第に話を理解するようになっていきます。
7. 論文を書きかけたが、気に入らないので削除してしまった。
8. 学校政策は、計画と予算をじゅうぶんに検討した上で判断すべきである。

● 練習問題

1 1) 陶芸　　2) 興味　　3) 体験
　　4) 精神統一　5) 簿記　6) 情熱
2 1) ①　　2) ③　　3) ④　　4) ②
3 1) 体験レッスンのクーポンがあるんですけれども、陶芸に興味はありませんか。
　　2) 習い事を増やしても大丈夫でしょうか。
　　3) 新たな出会いもあるから楽しみなんです。

● ヒアリング・リーディング練習

① 習い事　　　　　② 目的や理由
③ を通して　　　　④ 役に立つこと
⑤ 上で　　　　　　⑥ 視野を広げたくて
⑦ 資料を請求　　　⑧ 体験してみる

1) 目的や理由がないと続けるのは難しいと言っています。

2) まずはどんなことをしたいのかしっかり考えた上で、始めるのがいいと言っています。

3) 資料を請求してみたり、インターネットのサイトで調べてみたりして、一度体験してみるのがいいと言っています。

●日本文化

習い事

新年に始めたいお稽古ランキング

	男性	女性
1位	料理	お菓子・パン作り
2位	ゴルフ	ヨガ
3位	ピアノなど楽器	料理
4位	写真	ピアノなど楽器
5位	お菓子・パン作り	ピラティス
6位	ガーデニング	書道
7位	書道	着付け
8位	スイミング	アロマテラピー
9位	ワイン・お酒	写真
10位	テニス	手芸・編み物

＜gooランキング：1000人以上の調査結果＞より

男性では、2位「ゴルフ」9位「ワイン・お酒」は納得の結果といえる。マスターすれば仕事にも活かせそうな知識と技術である。そして、注目は6位「ガーデニング」。日々の疲れを緑で癒そうという目的がよくわかる。

女性では「ヨガ」と「お菓子・パン作り」が同率1位。おみやげ付きの「お菓子教室」はスイーツマニアにはたまらないレッスンであり、パン教室はお菓子教室と拮抗して人気沸騰中である。同じく1位の「ヨガ」は、もはや殿堂入りを果たしそうな勢いがここ数年続いている。

第17課

●ダイアローグを読んで次の質問に答えなさい

1. 韓国から来る友だちを、どこに案内したらいいか相談しました。

2. はい、よく来ます。

3. バスツアーに参加してみるようにアドバイスをしました。

4. イチゴ狩りやいも堀ツアー、アウトレットツアー、温泉ツアーなどがあります。

●文型練習

1. 青い海を眺めつつ、昔のことを思い出した。

2. 若い社員の言葉の使い方にうるさいわりには、部長も言葉の正しい意味を知らない。

3. 春の光を見るにつけて、花子は恋人を失った悲しみにくれるばかりだった。

4. お前は年齢からいうと、そろそろ結婚したほうがいいんじゃないかと言われていて大変です。

5. その歌を聞くにつけて、幸せだったあの時のことが思い出される。

6. 最近、新しい病院ができたが、若い人は多いわりには、年寄りの人はあまりいないようだ。

7. お腹がすいてきたので、私が持ってきたおみやげを食べつつ、ずっとお喋りをした。

8. 君の成績からいうと、この大学は難しいから別の大学にしてみてはどうだろうか。

●練習問題

1 1) 効率　　2) 経験　　3) イチゴ狩り

　　4) いも堀り　5) 無難　　6) 恩返し

2 1) ③　　2) ①　　3) ④　　4) ②

3 1) どこに案内したらいいか迷っているんです。

　　2) いいえ。かなりのリピーターで、注文が多いんですよ。

　　3) だから恩返しをしたいと思っていたので、ちょうどいい機会になりました。

●ヒアリング・リーディング練習

① 思う存分　　　② おすすめ

③ 日帰りバスツアー　④ 安いわりには

⑤ 楽しむこと　　　⑥ 結論からいうと

⑦ あまり観光できない　　⑧ 思いの外

1) 1日ぐらい思う存分、遊びたい人にです。
2) 料金が安いわりには、充実した旅行を楽しむことができるからです。
3) 思いの外はまるかもしれないと言っています。

●日本文化

日帰りバスツアー

石油価格高騰の影響を受けて、車を持たない人が増えた。これに伴い宿泊なしで格安に観光地やショッピングを楽しめる日帰りバスツアーや、電車で行く日帰り旅行などが増えた。

自分で車を運転して行くよりも体力的に楽であり、経済的である。目的に合わせた旅行ができるので、老若男女を問わず人気がある。今やバスや電車を使った日帰りツアーは気軽に行ける旅行の定番となり、目的地まではバスで平穏に、おいしいランチや温泉などがセットで設定されている。

日帰り旅行の魅力は一日であるので日程を組むのが簡単な点であり、個人では思いつかないような企画が詰め込まれたアイデア企画ツアーがお得に楽しめるのが魅力である。日帰りバスツアーは1人、1万円以内で行けるものが多い。

食べ放題に名所めぐり、季節の花を鑑賞しながらのハイキング、たっぷり1日楽しめるちょっとした贅沢だと愛好者が増えている。添乗員付きなら色々楽しくうんちくも聞けて、一人では味わえない有意義な時間を過ごすことができる。

第18課

●ダイアローグを読んで次の質問に答えなさい

1. 高橋さんに誘われました。
2. かわいいと思っています。
3. うまくいかないと思います。

●文型練習

1. 美しさというのはそれが独立して存在しえると、昔から考えられてきた。
2. これから私が言うとおりにメモをしてくださいね。
3. A社のパソコンはB社のパソコンと良く比較されがちですが、A社のパソコンが少し値段が安いだけです。
4. 彼女の気持ちがどうであれ、あなたのことが大好きだというのはだれが見ても明らかですよ。
5. 自分が信じるとおりに生きられることができれば一番いい。
6. それが思い出であれ後悔であれ、二度と時間は戻らない。
7. あの店に行けば、炭火で焼いたアツアツのサザエ、タイ、クルマエビなどの海の幸が手に入りうるかもしれない。
8. 母の日に比べて、父の日は忘れられがちです。

●練習問題

1 1) 花火　　2) 気を遣う　　3) 判断
　　4) 強調　　5) 気を持たせる　　6) 断る

2 1) ③　　2) ①　　3) ②　　4) ④

3 1) 高橋さんに花火大会に誘われたんです。二人で花火大会に行こうって……。
　　2) 気を遣ってくださっているんじゃないでしょうか。
　　3) 最初から断った方が傷は浅いんじゃないですか。

●ヒアリング・リーディング練習

① 訪れるぐらい　　② 町全体
③ 縮小されがちな　　④ 盛大にしてほしい
⑤ であれ　　⑥ であれ
⑦ 放送される　　⑧ 打上げ本数ランキング

1) にぎやかになります。
2) 不況になると規模が縮小されがちな花火大会ですが、人々は花火大会だけでも盛大にしてほしいという願いを持っています。
3) 全国の花火大会打上げ本数ランキングや訪れ

た人数なども発表されます。

●日本文化

花火大会

花火は多くの場合は火薬が爆発・燃焼した時に飛び散る火の粉の色や形を楽しむが、ロケット花火やへび花火、パラシュート花火のように、火薬の燃焼以外を楽しむものもある。日本で花火が製造されるようになったのは16世紀の鉄砲伝来以降である。

日本では、花火は夏の夜の風物詩とされており、需要は夏に集中しており、そのほかの季節はあまり需要が無い。これは、花火が川開きに使用されていた名残りだといわれている。各自治体では大規模な花火の打ち上げを「花火大会」と称して行っており、その時期は7、8月に集中している。

花火には大きく分けて、菊のように球形に開く「割物」と、花火玉が上空で二つに開き、中から星などが放出する「ポカ物」の2種類がある。中でも大きく菊花を咲かせる日本の割物花火は、世界で最も精巧な花火といわれている。花火の種類、複雑さ、花火師により価格が大きく異なるが、一般的な打ち上げ花火の一発あたりの相場は、3号玉が約3千〜4千円、5号玉が約1万円、10号玉が約6万円、20号玉が約55万円ほどとなっている。

第19課

●ダイアローグを読んで次の質問に答えなさい

1. 明治初期の横浜港開港にともなって、欧米の建築様式が日本にも採り入れられたからです。
2. 鎖国をしていました。
3. 自転車をレンタルして、サイクリングをしながら観光することを提案しました。

●文型練習

1. 人口の増加にともなって、建物の高層化が問題となっている。

---

2. オレの返事が終わるか終わらないかのうちに、彼女は静かに寝息を立て始めた。
3. ランチで20分以上待たされたあげく、冷えきった焼魚定食を食べざるをえなかった。
4. アメリカはとても広い国ですが、世界中に200近くある国の一つにすぎません。
5. ここ2〜3カ月は馬車馬のように働く日々が続き、一部の人は伸びきったゴムのようになってしまった。
6. 私の勝手な想像にすぎませんが、もしかして彼ら付き合っているんじゃないですか。
7. 4年も続いた長寿番組でしたが、番組改編にともなって新番組を立ち上げることになりました。
8. 私が結婚してから1ヶ月が過ぎるか過ぎないかのうちに、幼なじみも結婚式を挙げました。

●練習問題

1 1) 共存 2) 絶妙 3) 光景
4) 到着 5) 電動 6) 爽快感

2 1) ③ 2) ① 3) ④ 4) ②

1 1) 欧米の建築様式が日本にも採り入れられました。
2) 現代的なものまでが共存していて、絶妙な光景を作り出しているんですよ。
3) 江戸時代は鎖国をしていたんですよね。

●ヒアリング・リーディング練習

① ピクニック　　　② 日ごろのストレス
③ 欠かせないの　　④ 簡単なもの
⑤ 難しいもの　　　⑥ 一つにすぎない
⑦ 持って行くのも　⑧ 実行してみる

1) ピクニックが本当に好きな人や日ごろのストレス解消のために行く人などそれぞれです。
2) お弁当です。
3) おにぎりだけ作って持って行くのも良いと言っています。

●日本文化

ピクニック

ピクニックという風習は、ヨーロッパ貴族の狩猟遊びで栄えた。その当時は配膳などに使用人を配するなど、屋外で食事をすることを贅をこらして楽しむ傾向が見られたが、これは後に大衆化する過程で簡略化され、家族やカップルないし遊び仲間など少人数で楽しむ際に、食器を使わなくても食べられる簡便な、それでいて「食べる」という娯楽性を付与した食事が提供されるものに変化していった。

日本では公共交通機関の発展や大衆車の普及にも伴い、気軽に自然環境の豊富な郊外に出かけることが可能となり、ハイキングよりも気軽な戸外でのレクリエーションとして好まれていった。アメリカでも、自動車の普及はピクニックを楽しむ大衆にとって切り離せない要素となっている様子が見いだせる。いわゆるミニバンなどファミリーカーの中には、こういった気軽な野外活動に特化したオプションを備えたり、キャンピングカーやその機能を付与するための製品も見られる。

似たような行楽にはハイキングがあるが、これは「てくてく歩く」という意味あいがあり、行楽地まで徒歩で移動することのほうに主体がある。ピクニックではその移動の過程は重要視されず、より純粋に戸外で食事や行楽をすることに重点が置かれている。

해석

第1課

부모님이 '婚活'하라고 성화셔서 주말에도 쉬지 못해 이제 지쳤습니다.

ダイアローグ

鈴木(女) 최근 부모님이 '婚活'하라고 성화셔서 주말에도 쉬지 못해 이제 지쳤습니다.
ミン(女) '婚活'가 뭐죠?
鈴木(女) 결혼활동을 말해요. 취업활동처럼 활동하지 않으면 결혼도 할 수 없는 시대가 되었네요.
ミン(女) 결혼하고 싶은 마음은 없는 겁니까?
鈴木(女) 저는 혼자가 편한데 어머니가 결혼 사이트에 등록시켜서 이번 주말에는 할 수 없이 파티에 가야 해요.
ミン(女) 예에! 재미있을 것 같은데요. 저는 같은 또래하고 만날 일이 적어 부럽네요.
鈴木(女) 아 참 그렇지! 민OO씨도 같이 가지 않을래요? 혼자서 가는 것보다 든든합니다.
ミン(女) 저도 가도 됩니까? 기뻐요.
鈴木(女) 저야말로 함께 따라가 주어서 고맙습니다.

文法

- 어제는 밤늦게까지 선배가 술을 마시게 했습니다(어쩔 수 없이 마셨습니다).
- 추운데 역 앞에서 세 시간이나 친구를 기다렸습니다.

ヒアリング・リーディング練習　婚活(こんかつ)란?

婚活는 2008년의 유행어에도 들어간 '결혼활동'을 일컫습니다. 부모님으로부터 선을 강제로 보게 되는 것이 아니라, 최근에는 자기가 결혼사이트에 등록하는 사람이 늘어나고 있습니다. 참가하게 되는 것이 아니라 스스로 만남을 구하는 것입니다. 일반적으로는 우선 결혼활동을 하기로 결정하면 어느 회사가 제공하고 있는 결혼활동 서비스에 참가하게 됩니다. 맞선 파트, 결혼상담소, 파티 참가 파트, 메일 교환 파트와 같이 여러 가지 서비스가 있습니다. 이런 서비스를 이용해서 우선은 만남으로 연결시켜 갑니다. 이상형인 사람을 만날 때까지의 서비스라고 말할 수 있을 것입니다.

第2課

青春18切符에 대해서 좀 알려주었으면 하는데요…….

ダイアローグ

クォン(女) 다카하시씨, 青春18切符에 대해서 좀 알려주었으면 하는데요…….
高橋(男) 青春18切符는 JR 보통열차의 보통차 자유석을 하루 동안 자유롭게 타고 내릴 수 있는 표입니다. 봄방학, 여름방학, 겨울방학 이렇게 연 3회 발매되고 있어요.
クォン(女) 그렇습니까. 가격은 얼마입니까?
高橋(男) 한 장이 5회분으로 11500엔입니다. 나리타 국제공항에서 오다와라까지 교통비가 2940엔입니다. 그러니까 일본교통비를 생각하면 青春18切符는 1회분이 2300엔으로 꽤 득이 되는 표라는 거지요.
クォン(女) 와 싸다!! 유학생인 나한테는 고마운 표예요.
高橋(男) 한 장으로 5명까지 함께 이용할 수 있습니다. 단, 다른 사람과 함께 이용할 경우에는 같은 일정이 아니면 안 됩니다.
クォン(女) 어디 권할만한 관광지는 없습니까?
高橋(男) 이제 곧 벚꽃계절이니까, 일본 벚꽃을 꼭 보세요. 교토의 아라시산을 비롯해 아오모리의 히로사키성, 도쿄의 우에노 온시공원 등의 벚꽃 명소가 있어요.
クォン(女) 교토의 아라시산은 나도 들은 적이 있습니다. 보통열차로 도쿄에서 교토까지 어느 정도 걸립니까?
高橋(男) 글쎄요. 7시간 정도 걸립니다. 다섯 번이나 갈아타서 힘들지만 여유롭게 기차를 타는 것도 꽤 괜찮아요.

文法

1. - 이 컴퓨터 사용법에 대해서는 설명서를 읽어 보십시오.
   - 그것에 대한 선생님의 의견을 들려주지 않으시겠습니까?
2. - 한국 사람한테 김치는 여러 가지 의미로 특별한 존재이다.
   - 당신한테 소중한 사람일수록 바로 옆에 있어요.
3. - 그러면 혼자서 여행 갔다는 겁니까?
   - 이 씨는 대학에서 일본어를 공부해서 일본어를 잘하는 거야.
4. - 초콜릿을 비롯해 여러 가지 디저트가 있군요.
   - 그녀는 영어를 비롯해 세 가지 언어 이상의 외국어를 말할 수 있다.

ヒアリング・リーディング練習　여행에 대해서

오늘은 여행에 대해서 얘기하고 싶습니다. 여행에는 신혼여행을 비롯해서, 졸업여행, 배낭여행 등등이 있습니다만, 여러분은 어떤 때에 여행을 가고 싶습니까?
저는 기분전환을 하고 싶을 때 가고 싶어집니다. 넓은 바다를 보거나 산에 오르면 기분이 좋아지기 때문입니다. 여러분은 어떠십니까? 많은 사람이 여행을 가면 마음속 스트레스가 없어지는 것 때문에 가고 싶어하는 것입니다. 최근 한국에서도 해

223

외여행을 하는 사람이 많아지고 있습니다. 해외여행을 통해서 외국문화를 배울 수가 있고, 책으로 배울 수 없는 것도 배울 수 있어서 시야를 넓힐 수가 있기 때문이겠죠. 또한 어떤 사람은 추억을 만들기 위해서 가는 경우도 있다고 생각됩니다. 당신에게 여행이라는 것은 어떤 의미를 가집니까?

第3課

꽃놀이라고 하면 역시 신주쿠 교엔이지요.

ダイアローグ

ミン(女) 꽃놀이 계절이네요. 어디 좋은 곳을 아십니까?

佐藤(男) 꽃놀이라고 하면 신주쿠 근처에서는 역시 신주쿠 교엔이지요.

ミン(女) '교엔'이라고요?

佐藤(男) '일본 벚꽃 명소 100선'에 들어 있을 만큼 산뜻하게 채색된 훌륭한 벚꽃 명소예요.

ミン(女) 일본에서는 벚꽃 나무 아래서 도시락을 먹는다고 들었는데요…….

佐藤(男) 도시락뿐만 아니라 가라오케를 하기도 하고 술을 마시기도 합니다.

ミン(女) 벚꽃을 보면서 술을 마시는 것은 또 다른 맛이지요.

佐藤(男) 맞습니다. 다만 유감스럽게 신주쿠 교엔에 주류를 가지고 들어가는 것은 금지되어 있지만요.

ミン(女) 그렇습니까? 사토씨 회사에서는 어디에서 꽃놀이를 합니까?

佐藤(男) 회사가 있는 신주쿠에서 전철로 두 역인 요요기 공원에 갑니다. 언제나 호화스런 도시락을 주문하니까 기대가 돼요.

ミン(女) 역시 도시락입니까. 역시 '금강산도 식후경'이네요.

文法

1. ● 머리가 좋은 사람 하면 윤씨 외에는 생각할 수 없습니다.
   ● 마쓰리(축제) 하면 교토지요.

2. ● 이 카메라는 싼 만큼 금방 고장나 버렸다.
   ● 유명한 만큼 여기 스테이크는 아주 맛있네요.

3. ● 된장국은 일본 사람뿐 아니라 전 세계 사람들이 먹고 있습니다.
   ● 저 외국인은 텔레비전뿐 아니라 신문에서도 유명하군요.

4. ● 아베씨는 역사에 관해서는 대학 선생님만큼 잘 알고 있습니다.
   ● 일에 관해서는 아주 성실한 사람을 쓰고 싶다.

ヒアリング・リーディング練習 꽃구경에 대해서

봄 하면 역시 벚꽃. 그리고 벚꽃 하면 벚꽃구경이죠. 활짝 핀 벚꽃 나무 아래에서 손수 만든 도시락을 가지고 와서 연회를 하는 것이 기본입니다. 벚꽃나무 아래에 시트를 펴고 술을 마시고 있는 풍경은 매년 텔레비전으로 보도됩니다. 최근 몇 년 일본인뿐만 아니라 외국인들도 즐기고 있습니다. 그래서 누구나 즐길 수 있는 벚꽃 구경 매너에 관해서 소개하겠습니다. 먼저 장소를 잡을 때에는 너무 넓은 장소를 확보하지 않는 것입니다. 서로 양보하는 마음을 잊어서는 안 됩니다. 두 번째는 큰소리로 떠들지 않는 것입니다. 가까운 그룹에게 폐를 끼치지 않도

록 합시다. 그리고 세 번째는 반드시 쓰레기를 가지고 돌아가는 것입니다. 도시락 빈 용기, 음료수병 등 다양한 쓰레기가 나오는 벚꽃구경. 쓰레기는 당연히 가지고 돌아가는 것이 상식입니다. 이와 같이 매너를 지킴으로써 누구나 1년에 한 번 있는 벚꽃구경을 즐길 수가 있는 것입니다.

第4課

싸니까 사람이 모이는군요.

ダイアローグ

チョン(男) 일본사람도 가라오케에 자주 갑니까?

鈴木(女) 예, 학생 모임이나 샐러리맨 등의 친목회 2차 장소로 자주 이용됩니다.

チョン(男) 드링크 종류도 풍부하고 요리도 이자카야(선술집) 만큼 있다고 들었습니다.

鈴木(女) 맞습니다. 노래하면서 먹으면 요리가 더 맛있는 기분이 들어서……. 그래서 가라오케에 가면 요리를 먹지 않고는 못 배깁니다.

チョン(男) 먹으랴 노래하랴 바쁘겠네요.

鈴木(女) 값도 적당해요. 내가 아는 바로는, 싼 곳은 평일에 시간당 한 사람에 10엔, 휴일에는 50엔으로 원드링크제인 곳도 있습니다.

チョン(男) 싸니까 사람이 모이는군요. 그런데 스즈키씨의 18번은 무엇입니까?

鈴木(女) 실은 18번이 100곡 정도 있어요.

チョン(男) 예에! 그럼 한두 시간으로는 도저히 다 못 부르겠네요.

文法

1. ● 어머니가 만드는 요리는 언제나 양이 너무 많아서 다 먹지 못한다.
   ● 다 쓰지 못할 정도의 돈을 갖고 싶다.

2. ● 사토씨는 곤경에 처한 사람이 있으면 돕지 않고는 못 견디는 성격입니다.
   ● 이와 같은 이야기를 듣고 김씨를 칭찬하지 않을 수 없겠지요.

3. ● 내가 들은 바로는 제 시간에 도착한다는데요.
   ● 내가 아는 바로는 그녀는 절대로 그런 말을 할 사람이 아니다.

4. ● 살아있으니까 남을 좋아하게 될 수가 있는 거야.
   ● 컴퓨터는 매일 사용하니까 디자인이 좋은 것을 고르고 싶습니다.

ヒアリング・リーディング練習 곡 선택

당신은 가라오케에 가서 어떤 곡을 선택해서 부릅니까? 처음에는 역시 '모두가 알고 있는 노래'를 부르는 사람, '흥을 돋우는 곡'을 부르는 사람, '재미있는 곡'을 노래하는 사람, 곡 선택은 사람마다 제각각이라고 생각합니다. '흥을 돋우는 곡'을 부른다는 사람에게 물어보니 '흥을 돋우는 곡'의 노래를 부르기 때문에 함께 흥을 돋울 수가 있는 것이라고 합니다.
또한 발라드를 부르고 싶지만 분위기를 망쳐버리기 때문에 부르고 싶은 노래를 다 못 부른 상태로 끝나 버려서 즐길 수 없었다는 사람도 있습니다. 그렇다고 하더라도 함께 가는 파트너에 따라 다르다고는 생각합니다만, 가라오케에 가는 거라면 역시

마음껏 즐기는 것이 제일이라고 생각됩니다.

第5課

여성에 한해 할인을 하는 레이디스 데이(여성의 날)가 있습니다.

ダイアローグ

オー(男)　일본 영화관에서는 여러 가지 할인이 있네요.

渡辺(女)　학생할인은 기본적으로 있고, 여성에 한해서 할인을 해 주는 레이디스 데이가 있습니다. 보통은 1800엔인데, 레이디스 데이는 1000엔이라 자주 이용하고 있습니다.

オー(男)　영화를 좋아하는 와타나베씨한테는 좋은 제도군요.

渡辺(女)　예. 레이디스 데이 덕에 가벼운 마음으로 여러 영화를 볼 수가 있습니다. 대개 일주일에 한 번 수요일일 때가 많습니다. 유감스럽게도 남성에 한해서 할인을 해 주는 맨즈 데이는 레이디스 데이에 비해 별로 실시되고 있지 않는 것 같습니다.

オー(男)　그렇습니까. 그렇지만 저는 학생이라 지금은 학생할인이 돼서요……

渡辺(女)　그렇네요. 그 밖의 할인으로는 평일 아침 제일 첫 번째인 조조할인이 있어요.

オー(男)　그 제도는 한국에도 있습니다. 오전 중 첫 번째 상영이 1000엔이 되는 것이지요.

渡辺(女)　시네콘에는 여러 가지 할인제도가 많이 있지요.

オー(男)　시네콘이 뭡니까?

渡辺(女)　복수 스크린을 가진 대형 영화관을 시네마 콤플렉스라고 하는데, 그 약자입니다.

オー(男)　아아, 시네콘!! 쇼핑몰 등과 함께 교외에 많이 있지요.

文法

1. ● 유감스럽게도 다나카 선생님의 아드님은 대학에 합격하지 못한 것 같습니다.
   ● 기쁘게도 아버지가 내년에 부장님이 된다고 합니다.

2. ● 식사를 하시는 손님에 한해 인터넷을 무료로 마음 편안하게 사용할 수 있습니다.
   ● 일찍 귀가한 날에 한해 아내는 친구와 놀러 나가버렸다.

3. ● 사토씨가 컴퓨터를 빌려 준 덕에 레포트가 빨리 끝났다.
   ● 모두가 협력해 준 덕분에 무사히 이사를 할 수 있었습니다.
   cf. 근처 공장 탓에 밤늦게까지 잘 수가 없습니다.

4. ● 내 일본어 실력에 비해 송씨는 일본인과 같은 정도로 잘 합니다.
   ● 목요일에 비해 오늘은 그다지 춥지 않으니까, 코트는 입지 않아도 된다.

ヒアリング・リーディング練習　영화관

당신은 영화관에서의 매너에 대해 어떻게 생각합니까. 매너를 모르는 손님은 압도적으로 시네마 콤플렉스에 출몰하는 경향이 많다고 합니다. 관객이 많은 주말이나 레이디스 데이에 비해 평일은 적게 느껴집니다만, 역시 매너는 지켜 주었으면 하

는 것입니다.

예를 들면, 영화 상영 중에는 휴대 전화를 매너 모드로 한다든가, 이야기를 하지 않는다든가, 자리에서 일어나지 않는다든가 여러 가지가 있습니다. 가끔은 고맙게도 주의를 하는 사람이 있습니다만, 최근에는 주의하는 사람도 적어진 것 같은 느낌입니다. 영화팬 입장에서는 이렇게 매너를 위반하는 사람을 보면 매우 불쾌한 기분이 듭니다.

第6課

좋아한다고 할 정도는 아니지만 가끔 해요.

ダイアローグ

高橋(男)　권 씨는 볼링을 좋아합니까?

クォン(女)　좋아한다고 할 정도는 아니지만 가끔 해요. 다카하시씨는요?

高橋(男)　예. 꽤 좋아합니다. 고득점이 나올 수 있도록 개인레슨을 받은 적도 있었습니다. 물론 마이볼과 마이 슈즈를 가지고 있어요.

クォン(女)　예. 대단하세요. 볼링은 언제나 놀이로 했기 때문에 좀 놀랐습니다.

高橋(男)　볼링은 아시안게임의 정식경기 종목입니다. 다시 말해 어엿한 스포츠라는 것입니다.

クォン(女)　예. 죄송합니다.

高橋(男)　아, 저야말로 죄송합니다. 좀 지나치게 열내서 말하고 말았습니다. 하지만 볼링은 남녀를 불문하고 할 수 있는 적당한 집단 레크레이션 게임으로서 매력도 있지요. 경험이 별로 없는 사람도 참가하기 쉬우니까요.

クォン(女)　다음에 다카하시씨의 씩씩한 모습을 보고 싶네요.

高橋(男)　씩씩한 모습이라니요……. 다음에 볼링을 함께 하지 않겠습니까? 볼링의 매력을 가르쳐 드릴게요.

クォン(女)　예. 꼭이요!

文法

1. ● 좋아한다고 할 정도는 아니지만, 한 달에 한 번은 초밥을 먹으러 갑니다.
   ● 취미라고 할 정도는 아니지만, 놀러 갈 때는 반드시 카메라를 가지고 간다.

2. ● 일본어 소설을 읽을 수 있도록 열심히 한자를 익히겠습니다.
   ● 다음 시합에서 고득점을 딸 수 있도록 학교가 끝나고 나서 혼자서 연습한다.

3. ● 야마다씨 남편이 병에 걸린 것은 다름 아니라 항상 늦게까지 일한 탓이다.
   ● 어머니가 아이한테 화를 내는 것은 다름 아니라 아이를 소중하게 생각하기 때문이다.

4. ● 이 가게에서는 계절을 불문하고 맛있는 생선을 먹을 수 있습니다.
   ● 젊은 사람들은 병원과 전철 안 등 장소를 불문하고 휴대 전화를 사용한다.

여성이니까 볼링의 스코어가 낮아도 당연하다고 생각하는 분 없으십니까? 볼링은 연령, 성별을 불문하고 조심해야 할 포인트를 알면 능숙해질 수 있는 운동입니다.

중요한 포인트는 세 개가 있습니다. 우선, 첫 번째는 볼의 컨트롤을 잘 하는 것입니다. 두 번째는 볼의 스피드를 올리는 것입니다. 세 번째는 볼을 회전시켜서 파워를 늘리는 것입니다. 이번에는 자세한 것은 이야기하지 않겠습니다만, 이 세 가지를 마스터해서 고득점을 얻는 일은 다름 아닌 노력의 결과라고 생각합니다. 제일 먼저 자신에게 알맞은 볼 선택부터 시작합시다.

第7課

무엇을 가져오느냐에 따라 어떤 전골이 되는지가 결정됩니다.

ダイアローグ

鈴木(女)　민 씨, 이번 토요일에 우리 집에서 전골 파티를 하는데 괜찮으면 오지 않겠습니까?

ミン(女)　파티 말입니까? 어떤 것을 하는데요?

鈴木(女)　파티라고 해도 그렇게 대단한 것은 아니에요. 그냥 전골을 같이 먹는 것뿐인데 표현이 오버되었네요.

ミン(女)　아니오. 즐겁겠네요. 말해 주어서 고맙습니다. 전골 파티에서는 어떤 전골을 먹는 겁니까?

鈴木(女)　그것은 참가자에게 달렸어요. 참가자 모두가 재료를 가져오는데 무엇을 가져오느냐에 따라 어떤 전골이 되는지가 결정됩니다. 재료에 따라서는 아주 맛없는 전골이 될지도 모릅니다.

ミン(女)　그렇습니까? 들으면 들을수록 재미있어 보이는 파티라 빨리 전골이 먹고 싶어졌습니다. 어떤 전골이나 모두가 냄비를 둘러앉으면 맛있게 느껴질 것 같네요.

鈴木(女)　전골 재료는 나와 스즈키씨, 그리고 정씨가 준비하니까 민씨는 재료 대신 마실 것을 가져오세요. 남자인 주제에 두 사람은 무거운 것을 들고 싶지 않다고 합니다.

ミン(女)　알았습니다. 나는 차가 있으니까 괜찮습니다. 무엇이 마시고 싶습니까? 스즈키씨와 정씨한테도 물어보겠습니다.

鈴木(女)　모든 이의 기호에 신경을 써 주다니 역시 민씨네요. 그럼 토요일에 만나지요.

文法

1. ● 일본에 간다고 해도 일로 가기 때문에 선물은 사 올 수 없어.
   ● 아무리 햄버거가 좋다고 해도 매일은 먹고 싶지 않다.

2. ● 자기가 거들겠다고 한 주제에 그날이 돼서야 못 온다고 연락이 왔다.
   ● 여자인 주제에 하던 시대는 이제 끝났다.

3. ● 나는 그녀가 무엇을 마시느냐에 따라 오늘의 기분을 알 수 있습니다.
   ● 병의 원인은 그 사람의 생활습관에 따라 전혀 다르다.

4. ● 여동생은 다이어트 때문에 저녁을 먹지 않는 대신에 과일을 먹고 있습니다.
   ● 내가 아이를 돌볼 테니 그 대신 백화점에서 가방 사 줘.

냄비 요리란, 냄비 안에 야채나 고기, 생선 등 다양한 야채를 넣어 조리해, 그 냄비를 그대로 식탁에 내는 요리입니다. 냄비 요리에는 여러 가지 종류가 있고, 식품 재료도 지역에 따라서 다릅니다. 여러 명이 그 냄비를 둘러싸고, 각자의 개인 접시에 덜어서 먹습니다. 마지막에는 냄비 요리의 마무리로서 죽을 끓이는 사람도 많이 있는 것 같습니다.

마지막 마무리라고 해도 만드는 방법은 간단합니다만, 그것이 매우 맛있습니다. 겨울에 냄비 요리를 먹고 몸을 따뜻하게 하거나 친한 사람, 혹은 친한 관계를 쌓고 싶은 사람과 냄비에 둘러앉아 커뮤니케이션을 깊게 하거나 하는 것 때문에 일본인에게 있어서 냄비 요리는 인기가 많은 요리입니다.

第8課

인터넷을 하는 김에 만화를 읽을 수도 있어요.

ダイアローグ

高橋(男)　최근에 네카페에 자주 가는데, 권씨는 간 적이 있습니까?

クォン(女)　네카페가 무엇입니까?

高橋(男)　인터넷카페를 말합니다. 만화방도 함께 되어 있는 곳도 많아 인터넷을 하는 김에 만화를 읽을 수도 있어요.

クォン(女)　그렇습니까? 그밖에 어떤 것을 할 수 있습니까?

高橋(男)　드링크가 무제한 리필입니다. 그러니까 설령 목이 마르지 않아도 무심코 마시게 됩니다. 본전을 뽑기 위해서는 마시지 않을 수가 없지요. 더욱이 1시간에 400엔이니까 싸지요?

クォン(女)　나도 가 보고 싶습니다. 인터넷카페로 일본의 새로운 일면을 볼 수 있을 것 같습니다.

高橋(男)　그렇습니다. 인터넷카페 난민도 있고요.

クォン(女)　난민이요?

高橋(男)　불경기로 집을 남에게 넘겨줄 수밖에 없었던 사람들이 인터넷카페에서 생활하는 것입니다. 간이침대와 샤워도 있으니까요.

クォン(女)　그렇습니까? 아직도 내가 모르는 일본이 있군요.

文法

1. ● 미야지마에 가는 김에 히로시마 오코노미야키 마을에서 오코노미야키를 먹고 오려고 생각하고 있습니다.
   ● 있잖아 당신, 쇼핑하는 김에 우체국에도 다녀와 주지 않을래?

2. ● 비록 세상이 끝나도 당신은 잊지 않을 거야.
   ● 설령 사장의 명령이라도 그것은 절대 할 수 없습니다.

3. ● 대학생이라고 해서 매일 놀 수는 없잖아.
   ● 어제 늦게까지 술을 마셨다고 해서 일하러 안 갈 수는 없다.

4.
- 부모님이 정한 거니까 싫어도 미국에 유학가지 않을 수 없다.
- 태풍이 다가와서 오늘 축구 연습을 중지하지 않을 수 없었습니다.

ヒアリング・リーディング練習 **인터넷 카페**

설령 집의 PC로 조사할 수 있어도, 인터넷 카페에 가는 것은 왜일까? 인터넷 이용 이외의 이용 목적으로 들 수 있는 것은 만화를 읽으러 가거나 시간 때우기, 휴식 등을 생각할 수 있습니다. 인터넷을 하는 김에 무엇인가를 할 수 있다는 것이 인기의 하나가 아닐까요. 최근에는 데이트 장소로서 이용되는 경우도 많아 커플석 등이 준비되고, 게임센터나 도서관을 대신하는 장소로 대단한 주목을 끌고 있습니다. 점포에 따라 분위기 등이 다르기 때문에, 자신에게 맞는 네카페를 발견하는 것도 하나의 즐거움일지도 모르겠습니다.

第9課

이 흥분이 가라앉기 전에 함께 드라이브 가지 않겠습니까?

ダイアローグ

クォン(女) 다카하시씨, 무슨 일 있었습니까? 기뻐서 어쩔 줄 모르는 얼굴이네요.

高橋(男) 아, 눈치채셨어요? 사실은 아르바이트비를 모아 자동차를 샀습니다. 중고차지만, 큰 결단을 내렸습니다.

クォン(女) 자기 힘으로 자동차를 사다니 대단하네요. 최근 neet 같이 일하지 않는 젊은이들이 문제가 되고 있는데도 불구하고, 학생신분으로 자립을 한 다카하시씨는 멋지네요!

高橋(男) 그렇게 칭찬하니 부끄럽습니다. 이 흥분이 가라앉기 전에 함께 드라이브 가지 않겠습니까?

クォン(女) 그것은 다카하시씨의 운전 나름이지요. 설마 면허 딴 지 얼마 안 되는 건 아니지요?

高橋(男) 면허를 딴 것은 3년 전인데, 지금까지 아버지 차를 탔습니다.

クォン(女) 그렇다면 안심이군요. 도쿄 근교의 드라이브코스는 어떤 곳입니까?

高橋(男) 글쎄요. 하코네에는 아시노호라는 호수가 있고, 요코하마에서 바다를 보는 것도 좋지요.

クォン(女) 하코네! 온천도 있지요. 꼭 한 번 가 보고 싶어요.

高橋(男) 그래요? 그럼 이번 주말 하코네에 갑시다.

文法

1.
- 아내는 더러운 방을 보면 치우지 않고는 못 견디는 것 같습니다.
- 최근에 개가 살이 쪄서 무거워 죽겠습니다.

2.
- 내 딸은 결혼했음에도 불구하고 매일 집에 와서 밥을 먹어요. 난처하네요.
- 몇 번이나 주의를 주었음에도 불구하고 그 아이들은 신사에 있는 나무에 올라가서 놀고 있다.

3.
- 이 요리가 식기 전에 빨리 드세요.
- 이 이상 값이 내려가기 전에 아파트를 파는 게 좋다고

생각합니다.

4.
- 가족이 맛있는 밥을 먹을 수 있는지는 어머니의 요리 솜씨에 달렸습니다.
- 일요일 축구시합이 열릴지는 날씨에 달렸다.

ヒアリング・リーディング練習 **드라이브 여행**

당신은 휴일에 무엇을 합니까? 휴일이라고 생각하면 기뻐서 견딜 수 없어요. 날씨 나름입니다만, 드라이브 여행을 가 보는 것은 어떻습니까? 여름 드라이브도 좋지만 역시 지내기 편한 가을 드라이브가 최고라고 합니다.

오늘은 관동지역에서 인기 있는 하코네를 소개합니다. 하코네를 드라이브한다면 당연히 잊어서는 안 되는 것이 온천을 하는 것입니다. 숙소에 묵으면서 느긋하게 보내는 것도 좋지만, 드라이브하는 김에 들를 거라면 당일치기 온천을 추천합니다. 마음 편하게 온천 지역을 돌면서 드라이브와 온천을 동시에 만끽해 보는 것은 어떨까요?

第10課

호텔은커녕 어디에 갈지도 정해지지 않았어요.

ダイアローグ

高橋(男) 정씨, 왜 그렇게 미간을 찌푸리고 있어요, 무슨 일이에요?

チョン(男) 타카하시씨, 마침 잘 왔어요! 사실은 이번 회사 여행 때문에 이것저것 고민이 되어서……

高橋(男) 정씨가 간사였지요. 호텔은 정하셨어요?

チョン(男) 아니요. 호텔은커녕 어디에 갈지도 정해지지 않았어요. 이제 슬슬 여행 공지를 해야 하는데…….

高橋(男) 정씨에게 일본을 보여주고 싶어서, 선배들이 정씨에게 간사를 시킨 거예요. 그러니까 정씨가 가고 싶은 곳으로 가면 돼요.

チョン(男) 가고 싶은 곳이 없는 것은 아니지만, 사원 여행이기 때문에 모두의 의견을 반영하고 싶어요. 특히 여사원들에게 맞추는 것이 좋다고 생각하는데…….

高橋(男) 모두의 의견을 모은다고 해도 다양한 의견이 나오기 때문에 오히려 정하기 어렵다고 생각합니다. 그렇다면 온천이 무난할지 모르겠네요. 일본의 전통적인 여관에 가서 온천을 한다던지 가라오케를 간다면 모두 즐길 수 있으니까요.

チョン(男) 저도 온천에 가고 싶었습니다. 일본의 온천은 유황이 많이 포함되어 있어, 수질이 좋다고 들었습니다. 게다가 노천온천이면서 혼욕이지요?

高橋(男) 네? 노천온천은 대부분 있지만, 혼욕은 거의 없어요. 있어도 젊은 사람은 거의 들어가지 않습니다.

チョン(男) 그렇습니까? 그럼 온천으로 사원여행의 플랜을 짜 보겠습니다. 감사합니다.

文法

1.
- 다이어트를 시작한 지 한 달이 되었는데, 마르기는커녕 3킬로나 살이 쪄 버렸다.
- 30세까지 결혼하고 싶은데, 애인은커녕 여자 친구도 없습니다.

2. ● 나는 보통 요리를 별로 하지 않지만, 요리하기가 싫은 것은 아니다. 할 시간이 없을 뿐이다.
   ● 일본어를 전혀 말하지 못하는 것은 아닌데, 꼭 필요할 때 입에서 나오질 않는다.

3. ● 커피를 마시지 못하는 것은 아니지만 밤에 잘 수 없게 되는 게 아닌가 생각하면 마시고 싶지 않다.
   ● 열이 내렸나 싶으면 다음에는 복통과 구토가 나서 꽤 힘들었다.

4. ● 매일 미국인의 집에 놀러 간들 쉽게 영어가 능숙해진다고 할 수 없습니다.
   ● 단지 가게 메뉴를 잘 진열한다 해도 손님이 늘어날 리가 없습니다.

여러분. 바쁘다고는 해도 일년내내 바쁜 것은 아니시겠죠. 그러면 몸을 쉴 수 있게 하기 위해 온천에 가는 것은 어떻습니까? 또는 갈까라고 생각하는 사람은 우선은 온천의 효능을 확실하게 보는 효과적인 입욕 방법을 미리 확인해 둡시다. 우선은 목욕통에 들어가기 전에는 반드시 몸에 따뜻한 물을 끼얹져야 합니다. 몸에 물을 끼얹는 것은 땀이나 더러워진 곳을 없애고 나서 입욕한다는 매너임과 동시에 더운물의 온도와 성분에 몸을 적응시키는 의미도 있습니다. 그 다음에 반신욕으로 천천히 온천탕에 (몸을) 담그고 나왔다 들어갔다 하는 것을 두세 번 되풀이하는 것이 좋다고 합니다. 그리고 마지막으로 몸에 더운물을 끼얹지 말고 입욕 후에는 수분보급을 잊지 않는 것이 중요합니다.

第11課

전통을 지키면서도 최첨단을 달리는 카페입니까?

鈴木(女)　민씨, 내일 좀 호사스럽게 카페에서 점심을 하지 않을래요?

ミン(女)　왜! 왠지 근사하겠네요. 그런 'OL생활'을 얼마나 동경했는지!

鈴木(女)　그런 민씨에게 딱 어울리는 카페예요. 이걸 봐 주세요. 이 잡지에 의하면 우리 회사 바로 옆에 있는 카페가 지금 화제가 되고 있는 것 같네요.

ミン(女)　'전통을 지키면서도 최첨단을 달리는 카페'인가요? 내부 장식은 일본풍이고, 요리는 프랑스풍?

鈴木(女)　네. 내부 장식도 좋지만 소스를 고를 수 있어 유명한 것 같아요. '고객의 요구에 맞추어 다양한 종류의 소스가 준비됩니다'라고 쓰여 있었어요.

ミン(女)　그런가요. 하지만 점심시간 동안에 다녀올 수 있을지 조금 걱정이네요.

鈴木(女)　예약을 해 두면, 카페에 도착하자마자 식사가 준비되어 있기 때문에 시간은 충분하다고 생각합니다.

ミン(女)　예산은 어느 정도인가요?

鈴木(女)　런치는 2천 엔입니다. 하지만 요리의 내용을 생각하면 득이지요?

ミン(女)　그렇군요. 내일은 카페에 어울리도록 근사하게 하고 올게요!

1. ● 어젯밤에 옆집 사람이 도와주지 않았다면 지금쯤 나는 어떻게 되었을지.
   ● 사토씨는 나에게 아무 말도 안 했지만 몇 번이나 일을 대신해 주려고 생각했던가.

2. ● 경제전문가에 의하면 올해 경제보다도 내년이 좀 더 좋아진다고 합니다.
   ● 어제 뉴스에 따르면 내일은 아주 추워서 코트를 입고 나가는 편이 좋대요.

3. ● 일본 사람은 설날에는 신사에 가면서도 막상 죽으면 절에 간다고 합니다.
   ● 우리 집은 좁지만 매일 웃으면서 지낼 수 있는 따뜻한 집입니다.

4. ● 컴퓨터를 살 때는 그 목적에 따라 고르는 편이 좋아요.
   ● 이 여관에서는 내는 돈에 따라 고기요리와 생선요리를 고를 수 있다.

카페에 가는 목적이 무엇이라고 생각합니까? '휴식이나 쉼터로서', '잡담·수다의 장소로서', '사람과 만나기로 하는 장소로서', '맛있는 커피나 차를 마시기 위해서' 등 다양한 이유가 있다고 생각됩니다. 가게에 따라 가게 인테리어나 분위기가 다른 것처럼 카페에 가는 목적도 다른 것입니다.
작은 카페이면서도 거북함을 느끼는 것이 아닌, 일종의 여유 같은 것이 느껴지는 가게도 많이 있습니다. 그 날의 목적이나 기분에 맞추어 가게를 바꾸는 것도 하나의 즐거움이겠지요.

第12課

야채산지가 어디인지 사실을 알 도리가 없으니까요.

オー(男)　주말에는 무엇을 했습니까?

渡辺(女)　실은 아버지가 주말 농사일에 빠지셔서 나도 데려가셨습니다.

オー(男)　와타나베씨 집은 농가입니까?

渡辺(女)　아니오. 최근 먹을 것에 대한 불신감이 높아졌지요? 그러니까 아버지는 제 손으로 지을 수밖에 없다고 말씀하셨습니다. 그래서 주말만 농사일을 하고 계십니다.

オー(男)　그렇습니까? 야채 산지가 어디인지 사실을 알 도리가 없으니까요.

渡辺(女)　아버지는 먹는 것에 대해서는 남들보다 배 이상 신경을 쓰고 계십니다. 그렇지만 주말마다 1시간 반이나 차를 타고 교외 농장으로 가는 것은 좀 싫기도 하지만요.

オー(男)　평소에는 농장 관리를 하지 않아도 괜찮습니까? 식물 성장은 멈추게 둘 수 없잖아요.

渡辺(女)　그것은 업자가 해 주고 있어요. 밭을 빌려 주고 관리도 도와줍니다.

オー(男)　재미있는 시스템이네요. 하지만 최근 아이들은 어떻

게 야채가 생기는지 모른다고 하니까 아이들 교육에도 좋을 것 같네요.

渡辺(女) 예. 저도 처음 오이가 열리는 것을 보았는데, 왠지 신기한 느낌이 들었습니다.

文法

1. ● 그 나라 말을 잘 하기 위해서는 실제로 가서 생활할 수밖에 없다고 생각해요.
   ● 이 역은 보기에는 굉장히 깨끗하지만, 플랫폼에 가기 위해서는 상당한 수의 계단을 올라갈 수밖에 없다.

2. ● 중한 병이었는데 이렇게 짧은 시간에 퇴원할 수 있었던 것은 대단하다고밖에 말할 수가 없습니다.
   ● 아직 확실하게 말씀드릴 수가 없습니다만, 다음 주부터 이 계획을 시작하고 싶습니다.

3. ● 우리 선생님은 커피에 대해서는 좀 까다로운 사람입니다.
   ● 새로 지은 빌딩이 무너진 원인에 대해서 빌딩을 지은 회사로부터는 아무 연락도 없다.

4. ● 그녀의 생일이 올 때마다 3만 엔 이상이나 되는 선물을 하지 않으면 안 된다.
   ● 이 장소를 지날 때마다 '옛날 애인과의 일 년이 꿈이 아니었네'라고 생각하고 맙니다.

ヒアリング・リーディング練習 주말 농업

당신은 휴일마다 무엇을 합니까. 일본에서는 음식의 안전이나 자연친화에 대한 관심이 높아져, 주말만 밭일을 즐기는 사람이 많아졌습니다. 농업에 대해서 매우 마이너스 이미지를 가지고 있는 사람도 있다고 생각합니다만, 주말 농업을 마음속으로부터 즐기고, 자기가 재배한 맛있는 야채를 풍족하게 먹으면서 생활하고 있는 사람도 많이 있습니다.

지금부터 주말 농업을 시작하려고 하는 사람은, 우선은 자택에서 시작해 보는 것은 어떨까요? '마당이나 베란다에서 하는 주말 농업'이나 '실내에서 하는 주말 농업' 등 무리하지 않고 즐길 수 있는 것부터 시작하는 것은 어떨까요. 이 정도라면 도시에 살면서도 농업도 가능하고, 게다가 가족의 건강도 지킬 수가 있다고 생각됩니다.

第13課

그대로 방치해 두면 큰 병이 될 수 있어요.

ダイアローグ 마사지

鈴木(女) 오늘 마사지 하러 가려고 생각하는데……. 정씨도 최근에 피곤이 누적되어 있지 않습니까. 저도 남의 말 할 처지가 아니지만, 눈밑 다크써클이 짙어졌습니다.

チョン(男) 그렇군요. 이 어려운 기획을 떠맡아버린 만큼 컴퓨터 앞에 매일 10시간 이상이나 앉아 있으니까요.

鈴木(女) 이런 때는 '긴장완화'가 필요해요. 몸이 피곤하면 피곤할수록 일의 능률도 떨어집니다.

チョン(男) 확실히 그렇군요. 그렇지만 지금 귀가하여 잠들면 기획마감에 늦을까 신경이 쓰여서 결국 막차 시간까지 잔업을 하고 마는 겁니다.

鈴木(女) 그대로 방치해 두면 큰 병이 될 수 있어요. '사후약

방문'이라고 하지 않습니까.

チョン(男) 그래요. 최근에 어깨가 아파서 선잠을 잔 기분이 듭니다. 잠을 못 자니까 일 처리 속도도 늦어지는 악순환에 빠졌습니다. 그런데 마사지라고요? 받아본 적이 없어서 왠지 긴장되네요.

鈴木(女) 긴장완화를 위해 가는데, 긴장하면 어떡합니까!

チョン(男) 그렇군요. 그러면 모처럼 스즈끼씨가 권한 것이니 첫 마사지에 도전해 보겠습니다!

文法

1. ● 집 뒤에 노래방이 생긴 탓에 매일 밤늦게까지 시끄럽습니다.
   ● 길 하나를 잘못 들어선 바람에 콘서트에 한 시간이나 늦어 버렸다.

2. ● 젓가락은 쓰면 쓸수록 포크보다도 아주 편리한 도구란 걸 알았습니다.
   ● 나이를 먹으면 먹을수록 인생은 즐거워진다.

3. ● 수면부족으로 두 번 다시 하지 말아야지 하고 마음속으로 맹세한 것을 또 해버렸다.
   ● 건강한 젊은이는 아직 알지 못하겠지만, 역시 건강이란 중요해요.

4. ● 여행하기 전에 제대로 조사해 두지 않으면 재미없는 여행이 될 수 있기 때문에 준비는 철저하게 하는 편이 좋다.
   ● 처음 만나는 사람과 이야기할 때는 주의하지 않으면 나쁘다는 말을 들을 수 있어요.

ヒアリング・リーディング練習 마사지

하루의 피로를 조금이라도 완화하고 싶다고 생각하지 않으십니까? 현재 마사지는 의료뿐만 아니라 여러 가지 건강 증진을 목적으로 행해지게 되었습니다. 마사지를 받으면 받을수록 점점 효과가 증가할 것입니다. 마사지를 해서 몸을 푼 후에는 몸도 마음도 편안해지겠죠. 또 긴장의 완화를 위해 가는 것뿐만 아니라 어깨 결림, 요통 등의 증상이 있는 경우, 자신의 판단으로 인해 병의 증상을 악화시킬지도 모르기 때문에, 마사지를 받을 때에는 반드시 상담을 하는 것도 잊지 않도록 합시다. 마사지에는 여러 가지 종류가 있어서 자신의 목적에 맞는 것을 받는 것이 제일 좋다고 생각됩니다.

第14課

손가락만을 사용하는 게임뿐 아니라 몸을 쓰는 게임도 합니다..

ダイアローグ 게임센터

クォン(女) 그 인형 어떻게 된 겁니까? 다카하시씨는 보기와 달리 의외로 소녀 취향이네요.

高橋(男) 예, 이거 말입니까? 실은 아까 오○○씨와 게임센터에 갔습니다. 거기에서 인형 뽑기로 뽑았어요. 이 인형은 권씨한테 선물할게요.

クォン(女) 와! 고맙습니다. 게센이란 게 게임센터를 말합니까? 재미있을 거 같네요.

高橋(男) 최근에 자주 가는데, 갈수록 두 사람 다 게임 실력이

229

늘어서 또 가고 싶어져요.

クォン(女) 어떤 게임을 하는 겁니까?

高橋(男) 주로 격투기 계통의 게임입니다. 하지만 뭐든 해요. 손가락만을 사용하는 게임뿐 아니라 몸을 쓰는 게임도 합니다.

クォン(女) 몸을 쓰는 게임이요? 춤추거나 합니까?

高橋(男) 춤추는 게임도 있고 북을 치기도 하고 총을 쏘기도 합니다. 북 게임은 여성에게도 인기가 있어요. 권씨도 다음에 같이 가지 않겠습니까?

クォン(女) 북 말입니까? 저는 힘이 아주 센데요. 힘이 너무 들어간 나머지 게임은 별로 잘 하지 못합니다.

高橋(男) 그렇습니까? 하지만 힘껏 북을 치는 모습을 꼭 보고 싶네요. 인산인해를 이룰지도 몰라요.

文法

1. ● 이 거리를 처음 찾는 관광객이 늘어나는 데에 반해 두 번 이상 찾는 관광객은 줄어들고 있다.
   ● 부모의 기대에 반해 언제나 자식은 그 기대를 저버린다.

2. ● 올해는 따뜻해짐에 따라 비가 오는 날이 많겠지요.
   ● 시대가 변함에 따라 의학이 대단히 진보되어 장수하는 사람들이 늘어났습니다.

3. ● 형은(오빠는) 케이크나 초콜릿뿐 아니라 단 음식이라면 전부 아주 좋아합니다.
   ● 컴퓨터는 인터넷에서 무언가를 조사하는 것뿐 아니라 드라마를 보거나 할 수 있어서 아주 편리합니다.

4. ● 남동생은 매일 애인한테 몇 시간이나 전화를 거는 나머지 매달 몇 만 엔씩이나 되는 전화 요금을 물고 있대.
   ● 내가 집에 없는 동안 딸은 혼자 외로운 나머지 나를 찾으러 나왔다고 한다.

ヒアリング・リーディング練習 게임센터

게임센터에는 어떤 게임기가 있다고 생각합니까? UFO캐처, 격투 게임, 음악 게임, 레이스 게임, 메달 게임 등 여러 가지가 있습니다. 게임을 싫어하는 사람도 한 번 가 보면 예상과 달리 재미있을지도 모르겠습니다. 지금은 게임센터뿐만 아니라 집에서도 게임을 할 수 있는 시대가 되었습니다만, 역시 게임센터에서 하는 게임이 최고이지요. 또 분위기만이라도 충분히 즐길 수 있는 것 같은 게임센터가 있으면 남녀 관계없이 마음 편하게 갈 수도 있을 것입니다.

第15課

새 양복을 사려고 생각했는데 비싸서 살 엄두가 나지 않았습니다.

ダイアローグ 쇼핑

鈴木(女) 민씨, 이번 일요일이 바겐세일 첫날인데 같이 가지 않을래요?

ミン(女) 슬슬 새 양복을 사려고 생각하고 있었는데 비싸서 살 엄두가 나질 않았어요.

鈴木(女) 그렇다면 반드시 바겐세일 첫날에 가야 해요. 좋은 물건은 첫날 다 나가버리니까요.

ミン(女) 스즈키씨는 카페에 대해서도, 이번 바겐세일에 대해서도 정보가 빠르시네요. 여사원의 본보기예요.

鈴木(女) 단지 잡지 읽는 것을 좋아할 뿐이에요. 그리고 새로운 것이나 좋은 것을 보면 사족을 못써요.

ミン(女) 그렇습니까? 그런데, 스즈키씨도 뭔가 바겐세일에서 사고 싶은 것이 있는 건가요?

鈴木(女) 특별히 정해지지는 않았어요. 그래도 사든 안 사든 어쨌든 바겐세일 첫날은 안 가면 맘에 걸려서…….

ミン(女) 아이 쇼핑도 좋아요. 유행하는 패션도 알 수 있고, 예쁜 옷들을 보고 있으면 즐거워서요.

鈴木(女) 특히 바겐세일에는 뜻밖에 싸고 좋은 물건들도 있으니까요. 그런 좋은 상품들을 찾아내는 것도 하나의 즐거움이지요.

文法

1. ● 메일 교환을 시작했지만, 문장력이 안 좋아서 무엇을 쓰면 좋을지 모르겠습니다.
   ● 그동안 갖고 싶었던 블라우스를 샀지만, 갑자기 추워져서 별로 입어 보지도 못한 채 겨울이 되어 버릴 것 같아.

2. ● 최근에는 초등학생까지 학원에 다니는데, 아이들은 자유롭게 놀려야 한다.
   ● 의사는 환자의 모든 것을 받아들여야 한다. 상냥하게 대해야 한다.

3. ● 나카다든 야마자키든 이 일에는 맞지 않는다.
   ● 하든 안 하든 잘 생각하고 나서 정하세요.

4. ● 대학에 가든 유학을 가든 이 성적으로는 절대 무리예요.
   ● 아내든 아이든 그를 이해하려고 하는 사람은 없다.

ヒアリング・リーディング練習 쇼핑

당신은 어디에서 쇼핑을 합니까? 일본에서는 백화점과 전문점을 결합시킨 쇼핑몰이 많이 있습니다. 또 최근에는 인터넷을 통해서 쇼핑을 하는 사람들이 많아졌습니다. 가게에서 사든 인터넷으로 사든 역시 품질 · 디자인이 좋고 싼 상품이 좋다고 하는 사람이 많은 것은 옛날과 변하지 않았습니다. 그리고 넷쇼핑에서는 개인정보를 입력해야 하기 때문에 개인정보 유출에 불안을 느끼고 있지만, 앞으로도 이용을 계속하고 싶다고 하는 사람은 늘어나고 있습니다. 넷 쇼핑은 '편리하고 가격 면에서도 이득이다'라는 이미지가 있는 것 같습니다.

第16課

도예에서 흙을 만지는 것을 통해 정신통일하는 것도 좋을지 모릅니다.

ダイアローグ 배우기

鈴木(女) 오 씨는 도예에 흥미가 없으세요? 체험 레슨 쿠폰이 있는데 가 보지 않겠습니까?

オー(男) 도예요? 글쎄요. 최근 오늘이 무슨 요일인지도 모를 정도로 바쁜 생활을 보내고 있어서, 마음을 안정시킬 시간을 갖는 것도 좋을 듯하네요.

鈴木(女) 흙은 사람을 안정시켜준다고 하니 도예에서 흙을 만지는 것을 통해 정신통일하는 것도 좋을지 모르겠네요.

オー(男) 실은 지금 부기 학교에 다니고 있어요. 배우는 것을 늘려도 괜찮을까요?

鈴木(女) 계속할지 어떨지는 체험한 후에 결정해도 좋으니 우선 가벼운 마음으로 가 보도록 하지요.

オー(男) 그럴까요. 스즈키씨는 원래 도예에 흥미가 있었나요?

鈴木(女) 실은 도예부였기 때문에 중학교 때 했었어요. 이번 체험 레슨 쿠폰을 보고, 잊었던 정열을 다시 떠올렸다고나 할까……

オー(男) 그랬었군요. 중학생이 도예라니, 어른스럽네요.

鈴木(女) 글쎄요. 뭔가를 배우면 배우는 것뿐 아니라 새로운 만남도 있어서 기대됩니다.

1. ● 일당 아르바이트로 어떻게든 생활하고 있지만 최근에는 물가가 올라서 집세조차 낼 수 없게 되었다.
   ● 백화점에 갔더니 물건이 여러 가지로 너무 많아서 무엇을 사면 좋을지조차 모르겠습니다.

2. ● 마쓰리의 목적은 마쓰리를 통해 많은 시민들에게 지역을 사랑하는 마음과 시의 조성사업에 대한 관심을 높여 즐거워지게 하는 것입니다.
   ● 여러분은 친구, 연애, 학교생활 등 여러 가지를 통해 조금씩 어른이 되어 가는 것입니다.

3. ● 여러 가지 디자인이 있기 때문에 잘 상의한 후에 선택하게 하고 있습니다.
   ● 그는 어제 일에 대해 잘 이야기한 후에 자기가 잘못한 것에 대한 책임을 지고 싶다고 했습니다.

4. ● 어떤 사람이 먹던 빵을 되돌려 놓아서 좀 놀랐습니다.
   ● 일주일 전에 사서 읽던 중이었는데, 지금까지 그 상태 그대로 내버려 두고 있다.

ヒアリング・リーディング練習 배우기

당신은 일본어 이외에 무언가 배우고 있습니까? 배우는 것은 무엇인가 목적이나 이유 없이 계속하는 것은 어렵다고 생각합니다. 배우는 것을 통해 같은 목적을 가진 새로운 친구가 생기거나 지식이나 기술을 얻거나 장래에 도움이 되는 것이 많을 것입니다. 배우는 것이 오래 지속되지 않는다는 사람이 있겠습니다만, 우선은 어떤 일을 하고 싶은 것인지 잘 생각한 후에 시작하는 것이 좋을지 모르겠네요. '무언가 새로운 것을 시작하고 싶은데', '시야를 넓히고 싶어서 배우고 싶은데'라고 생각하는 사람은 자료를 요청해 보거나 인터넷 사이트에서 조사해 보거나 해서 한 번 체험해 보는 것은 어떨까요?

第17課

효율적으로 관광지를 둘러보면서, 맛있는 것도 먹고 싶다고 합니다.

ダイアローグ 일일 버스 투어

ミン(女) 한국에서 친구가 오는데 어디를 안내하면 좋을지 망설이고 있습니다.

佐藤(男) 친구가 일본은 처음입니까? 그러면 아사쿠사와 신

주쿠가 좋을 것 같은데요.

ミン(女) 아니오. 상당한 리피터라 주문이 많아요. 효율적으로 관광지를 돌면서 맛있는 것을 먹고 싶다고 합니다. 어려운 것을 요구하는 것에 비해서는 돈은 낼 수 없다고 하네요.

佐藤(男) 그러면 버스투어에 참가하는 건 어떻습니까? 내 경험으로 말하자면 여러 관광지를 편하게 돌 수 있고 레스토랑도 맛있는 곳을 골라서 데리고 다녀 주기 때문에 추천합니다.

ミン(女) 그러면 친구한테 좋은 코스를 고르게 할 수 있어서 좋겠네요.

佐藤(男) 딸기 따기와 고구마 캐기도 즐겁고 쇼핑이 좋다면 아울렛 투어도 좋을지 모르겠네요. 그 다음에는 여관 요리도 맛있으니까 온천 같은 데가 무난하겠지요.

ミン(女) 여러 가지 투어가 있군요. 친구와 상의해 보겠습니다.

佐藤(男) 그래도 민 씨는 친구를 생각하는 마음이 대단하네요. 친구가 원하는 것을 전부 들어 주다니 좀처럼 하기 힘들어요.

ミン(女) 옛날에 아주 신세를 진 친구입니다. 그래서 은혜를 갚고 싶다고 생각했는데 마침 좋은 기회가 되었습니다.

1. ● 합격을 기원하면서 발표장으로 향했습니다.
   ● 아르바이트를 하면서 요리학교에 다니고 있습니다.

2. ● 이 호텔은 아주 산속에 있어서 가는 불편함에 비해서는 방에서 보는 경치가 매우 좋다.
   ● A사 제품은 값에 비해서는 질이 아주 좋습니다.

3. ● 이 차는 값으로 따지면 아주 싸지만 디자인이 별로 마음에 들지 않아요.
   ● 지금의 내 경제 상황으로 보면 월 1000엔 정도의 부담이라도 벅찹니다.

4. ● 그녀의 소문을 들으니 마음의 고통이 거집니다.
   ● 누구나 나이 들었다고 느껴짐에 따라 오래 살고 싶다고 생각하는 것이 보통이라고 생각합니다.

ヒアリング・リーディング練習 버스 투어

바빠서 장기 여행에는 갈 수 없지만, 하루 정도 마음껏 놀고 싶은 사람은 없습니까? 그런 사람에게 추천하는 것이 당일치기 버스 투어입니다. 목적에 맞춰서 관광·체험·견학 등의 당일치기 버스 투어를 즐길 수 있습니다. 요금이 싼 것에 비해서는 충실한 여행을 즐길 수 있어 인기가 있습니다. 저번에는 1박 2일의 숙박 플랜으로 갔었는데, 결론부터 말하면, 매우 즐겁고 좋은 추억이 되었습니다. 만약, 당일치기이니까 별로 관광할 것이 없겠지 하고 생각하는 사람이 계실지도 모르겠습니다만, 한번 당일치기 버스 투어에 가 보세요. 의외로 빠질지도 몰라요.

第18課

둘이서 불꽃놀이요? 그건 자주 있을 법한 데이트 패턴입니다.

ダイアローグ

クォン(女) 다카하시씨한테서 불꽃놀이 가자고 권유받았습니

다. 둘이서 불꽃놀이에 가자고요.

渡辺(女)　둘이서 불꽃놀이요? 그건 자주 있을 법한 데이트 패턴입니다.

クォン(女)　설마요. 내가 유학생이니까 신경 써 주시는 거 아닐까요.

渡辺(女)　다카하시씨는 권씨를 귀엽다고 했으니까 있을 수 있는 일이에요.

クォン(女)　불꽃놀이라고 한 것이 그런 판단이 되는 겁니까?

渡辺(女)　불꽃놀이든 영화든 뭐 둘이란 점을 강조한 것이 수상하네요.

クォン(女)　나는 그런 마음이 아닌데……. 어떻게 하면 됩니까?

渡辺(女)　역시 그런 생각을 갖게 하는 것보다 처음부터 거절하는 편이 상처를 덜 받지 않을까요?

クォン(女)　그렇죠. 와타나베씨가 말하는 대로 하겠습니다. 다카하시씨와는 좋은 친구인 채로 남고 싶으니까요.

文法

1. ● 내 옆 자리의 야마다군은 몸이 약해서 학교를 자주 쉬어서 아주 걱정입니다.
   ● 존씨는 돈이 많아서 맛있는 것만 먹는다고 생각하기 쉽지만, 점심은 편의점의 주먹밥과 차인 경우가 많습니다.

2. ● 여성 친구끼리 알 수 있는 것도 많이 있지만, 남자끼리 알 수 있는 것이 더 많을지도 모릅니다.
   ● 아이가 느낄 수 있는 것은 어른이 되면 느낄 수 없게 되어 버리는 것은 왜일까요?

3. ● 학생이든 사회인이든 공부는 계속해야 한다고 생각합니다.
   ● 내가 지금부터 내는 문제에 당신은 어떤 형태로든 반드시 답을 해 주세요.

4. ● 연구결과는 반드시 생각한 대로 된다고는 할 수 없어서 재미있는 것이에요.
   ● 역시 예상한 대로 결과가 나왔습니다.

ヒアリング・リーディング練習　　불꽃놀이

일본에서는, 유명한 불꽃놀이는 몇 십만 명이나 구경하러 방문할 정도로 기다려지는 여름 행사의 하나가 되었습니다. 유카타를 입고 불꽃놀이대회에 가는 사람도 많아, 마을 전체가 떠들썩하게 됩니다. 불황이면 규모가 축소되는 경향이 있는 불꽃놀이입니다만, 사람들은 불꽃놀이만이라도 성대하게 해 주었으면 하는 소원을 가지고 있습니다. 그렇다고는 해도, 대규모이든 소규모이든 불꽃놀이는 즐거운 것입니다. 뉴스로도 방송될 정도로 인기가 있어, 매년 전국 불꽃놀이대회에서 쏘아 올린 개수 랭킹이나 방문한 인원수 등도 발표됩니다.

第19課

탔는지 안 탔는지 모르는 사이에 다음 목적지에 도착해요.

ダイアローグ

高橋(男)　오 씨는 요코하마에 가 보았습니까?

オ(男)　아니오. 아직입니다만, 꼭 한번 가 보고 싶어요.

高橋(男)　명치시대 초기에 요코하마 개항과 더불어 서구의 건축양식이 일본에도 도입되었습니다. 그래서 요코하마에는 여러 종류의 건물이 있는데, 명치 초기에 세워진 것부터 현대적인 것까지 공존해서 절묘한 광경을 만들어내고 있어요.

オ(男)　에도시대는 쇄국을 했었지요. 역사를 느끼면서 꼭 보고 싶습니다. 그 건물들은 모두 근처에 모여 있습니까?

高橋(男)　꽤 떨어져 있지만, 길이 좁아서 자동차도 권할 수 없습니다. 최근에는 자전거 대여를 해 주니까 자전거를 타면서 관광하는 것이 좋을 것 같습니다.

オ(男)　자전거요? 힘들 것 같네요.

高橋(男)　그것은 기우에 불과해요. 경치가 예뻐서 탔는지 안 탔는지 모르는 사이에 다음 목적지에 도착해요.

オ(男)　요코하마는 언덕이 많지요? 자전거로 다 올라갈 수 있을까요?

高橋(男)　전동 보조 자전거라서 전혀 걱정 없습니다. 언덕을 다 올라갔을 때의 상쾌함은 또 각별해요.

オ(男)　그렇습니까. 일본에서 자전거를 타 보는 것도 즐거울 거 같네요. 한번 도전해 보겠습니다.

文法

1. ● 전기·전자의 발전과 함께 다른 분야에서도 이것들의 성과가 이용되어 왔다.
   ● 업무가 국제화됨에 따라 영어를 할 수 있고 컴퓨터를 사용할 수 있는 것이 앞으로 샐러리맨의 필수조건이 되겠지요.

2. ● 결혼하는 것이 인생의 끝이라고 하는 사람이 있는데, 결혼은 단지 시작에 지나지 않는다고 나는 생각합니다.
   ● 로봇이 아무리 편리하고 머리가 좋아져도 결국은 인간이 만든 도구에 지나지 않습니다.

3. ● 비가 내릴지 말지 하는 사이에 빨리 빨래를 처리하는 편이 좋다.
   ● 점심시간에 모두 밥을 먹으려는 사이에 과장한테서 일에 관한 전화가 걸려와서 나만 회사로 돌아갔습니다.

4. ● 몇 년이나 걸려서 이 책을 다 번역했을 때에는 누군가가 책을 출판했다.
   ● 내 애인은 아주 깨끗한 것을 좋아해서 항상 아주 더러워진 내 차를 아무 말도 하지 않고 깨끗하게 세차해 준다.

ヒアリング・リーディング練習　　피크닉

당신은 따뜻한 계절이 되면 피크닉에 가고 싶어지지 않습니까? 피크닉을 정말로 좋아하는 사람도 있는가 하면 평소 쌓인 스트레스 해소를 위해서 피크닉에 가는 사람도 있어서 목적은 사람마다 제각각이라고 생각합니다. 그리고 피크닉에 빠뜨릴 수 없는 것은 '도시락'이지요. 도시락을 만들기 위해서는 간단한 것부터 어려운 것까지 있습니다만, 맛있게 먹을 수 있다면 그것으로 된 것입니다. 왜냐하면 도시락 만들기도 피크닉을 가는 데에 즐거움 중 하나에 지나지 않기 때문입니다. 도시락 만들기가 싫은 사람은 주먹밥만 만들어 가져가는 것도 좋을지 모르겠네요. 여러분, 이번 주말에 가족이나 친구들과 실행해 보는 것은 어떨까요?